MOEWIG

EIN PLAYBOY TASCHENBUCH
IM MOEWIG VERLAG

PLAYBOY

EROTIK

Richard Werther

Aus den Erinnerungen eines Detektivs

MOEWIG

PLAYBOY, Häschenmarke, Playmate und Femlin sind registered trade marks von PLAYBOY Enterprises Inc., Chicago, USA

Umschlagfoto: Mall Photodesign
Umschlagentwurf und -gestaltung: Franz Wöllzenmüller, München
Verkaufspreis inkl. gesetzl. Mehrwertsteuer
Auslieferung in Österreich:
Pressegroßvertrieb Salzburg, Niederalm 300, A-5081 Anif
Printed in Germany 1980
Gesamtherstellung: Ebner Ulm
ISBN 3-8118-6220-0

Vorwort

Für meinen Onkel, der ein ausgezeichneter Detektiv war, lag das höchste Glück der Erde zwischen den schönen Schenkeln der Frauen!

Da er sich jedoch nie für eine einzige Frau hatte entscheiden können und bei jeder neuen Eroberung auf eine neue Art Wollust suchte und empfand, war er ein eingefleischter Junggeselle geblieben.

Wenn ich mir gegenüber ganz ehrlich sein will, so muß ich gestehen, daß ich ihm in dieser Beziehung – jedenfalls was die Frauen anbelangt – sehr ähnlich bin.

Immer wenn ich eine Frau kennenlerne, habe ich das Gefühl, Freuden zu genießen, die die eben erst genossenen bei weitem übertreffen. Ich bilde mir ein, auf einem durch nichts mehr zu überbietenden Gipfel der Lust angelangt zu sein – bis ich dann wieder eine neue Eroberung mache und feststelle, daß es mit jedem neuen Partner wieder ein neues, auf seine besondere Art faszinierendes Spiel ist.

Mein Onkel ist vor ein paar Tagen gestorben. Für ihn hat all diese Lust nun ein Ende, doch ich bin fest davon überzeugt, daß er dieses Leben so lange in vollen Zügen genossen hat, solange ihm sein stets freudiger Mitkämpfer eisern zur Seite gestanden hatte. Ich glaube, es waren ihr Leben lang zwei wackere Kämpfer!

Kein Wunder, daß ich mich als erstes über ein dickes Bündel Blätter hermache, auf denen mein Onkel seine Lebens- und Liebeserinnerungen niedergeschrieben hat.

Allein der Gedanke an diese Erlebnisse macht mich unruhig und läßt meine Nerven bis zu einem sehr sensiblen Punkt unterhalb meines Bauchnabels erzittern. Schließlich und endlich werden es ja sicherlich nicht so ganz alltägliche Beichten sein, die ich da zu lesen bekommen werde.

Um mich ein wenig zu beruhigen – und auch um dem Ganzen den ihm zustehenden würdigen Rahmen zu geben – werde ich mir jetzt aus dem wohlsortierten Weinkeller meines Onkels eine seiner besten Flaschen holen (er hätte das sicherlich auch getan) und werde dann bei dem Genuß dieses edlen Tropfens im Geist miterleben, mitschwelgen, mitfühlen, wie er eine Frau nach der anderen eroberte, wie er ihren herrlichen Leib streichelt und ihre Schenkel öffnet. Ich werde sie im Geiste in höchster Ekstase stöhnen und Schreie ausstoßen hören, wenn sie sich endlich dann ganz verströmen!

Ach, was wird das für ein ganz neuer Reiz für mich. Die Blätter ziehen mich magisch an, ich kann es nicht mehr erwarten, an dem Leben und Lieben meines so bewunderten Onkels teilzunehmen.

Brutal werde ich aus meinen Gedanken gerissen – es läutet. Etwas unwillig über diese Störung öffne ich. Eine zarte Mädchengestalt fällt mir jauchzend um den Hals und drückt ihre warmen Lippen auf die meinen.

„Oh, Jeannette, Liebling, du bist es! Und ich war so ungehalten, als es läutete. Doch wie schön, daß du gerade jetzt kommst. Komm schnell herein und mach die Tür zu!"

Jeannette ist die Tochter des französischen Botschafters hier. Sie ist eine typische Französin, grazil, mit einem wie von einem Bildhauer gemeißelten Körper, großen dunklen Augen, in denen die ganze Glut ihrer Leidenschaft sich widerspiegelt. Lange, tiefschwarz glänzende Haare umrahmen ein ungemein rassiges Gesicht.

Mein Onkel hatte sie noch gekannt, und mehr als einmal habe ich an seinen wohlwollenden, ja, ich möchte beinahe sagen, begehrlichen Blicken gesehen, daß ihm – wenn sein Priap nur nicht schon zu alt und zu lahm gewesen wäre –

ein solch appetitlicher kleiner Käfer auch noch ganz gut geschmeckt hätte!

Aber dieser süße kleine Fratz, dem die Lebenslust so aus den Augen strahlt, gehört mir, und im Augenblick habe ich – ganz im Gegensatz zu meinen sonstigen Gepflogenheiten – noch gar nicht die Absicht, mein Besitzrecht an einen Nachfolger abzutreten. Ja, allein der Gedanke daran, daß ein anderer diesen herrlichen Körper mit seinen Händen berühren könnte, macht mich schon rasend!

Stürmisch reiße ich sie in meine Arme – um mir zu beweisen, um es körperlich zu fühlen, daß sie ganz allein mir gehört – und küsse sie auf ihren wollüstigen Mund, auf die schelmischen Augen, auf die niedlichen kleinen Ohrläppchen.

Doch als ich diesen herrlichen Körper so fest an mich drücke und ihre harten Schenkel sich an meine schmiegen, fühle ich, wie mein munterer Kampfgenosse energisch in seinem Quartier rebelliert. Er ist offensichtlich der Meinung, daß auch er ein gutes Recht darauf hat, dem Gast seine Reverenz zu erweisen.

Jeannette sieht mich spitzbübisch an und meint:

„Soll ich diesen Störenfried gleich begrüßen, oder wollen wir ihn noch ein wenig zappeln lassen?"

„Ich bin der Ansicht, wir lassen ihn vorerst einmal ruhig noch ein wenig eingesperrt. Er soll sich einmal daran gewöhnen, daß er nicht immer so vorlaut sein darf, sondern ganz schön abzuwarten hat, bis wir ihn herausholen!"

„Ganz meine Ansicht", meint sie. „Er soll nur noch ein bißchen schwitzen, dieser Draufgänger. Wunderst du dich eigentlich nicht, daß ich hier so unangemeldet hereinschneie? Weißt du, ich habe mir gedacht, daß du vielleicht den Nachlaß deines Onkels ordnest und daß ich dir dabei etwas helfen kann. Es gibt doch sicherlich eine Menge aufzuräumen.“

„Nun ja, das sicherlich auch. Ich wollte mir zwar gerade ein gutes Glas Wein einschenken und mich dann mit allem Genuß der Lektüre seinen Erinnerungen hingeben. Das Aufräumen hat ja noch etwas Zeit, findest du nicht auch?“

„In diesem Fall bestimmt! – Macht es dir etwas aus, wenn ich bei dir bleibe und auch ich an den Erinnerungen dieses doch so charmant gewesenen Mannes meine Freude haben möchte? Ich könnte mir vorstellen, daß er selbst nichts dagegen gehabt hätte.“

Dabei blinzelte sie mich schelmisch an. Sie weiß es ganz genau, diese kleine raffinierte Person, welche Schwäche mein Onkel für sie gehabt hatte.

„Wie sollte dann ich etwas dagegen haben, wenn du glaubst, daß Onkel dich liebend gern dabei gehabt hätte? Ich möchte aber an unser gemeinsames Lesen doch eine Bedingung knüpfen.“

„Und die wäre?“

„Hmmm – also paß einmal auf. Du weißt ja selbst, daß mein Onkel ein außerordentlich großer Frauenfreund – und ich bin davon überzeugt, auch ein ebenso großer Liebeskünstler – war. Sein Repertoire in der Verführungskunst schöner Frauen war bestimmt recht groß. Es könnte also ganz gut sein, daß er uns beiden ganz schön einheizt und eine gehörige Lektion erteilt. Meine Bedingung also: Was wir hier neu hinzulernen – wird auf der Stelle nachgemacht und ausprobiert!“

„Ach, du alter Erpresser, du infamer Halunke, du – na gut – ich bin einverstanden! Also los, frisch ans Werk, fangen wir gleich an!

Doch nein – warte. Da ich ja nicht weiß, was mich heute

noch alles an Strapazen erwartet, mache ich dir den Vorschlag, daß wir uns hier gemütlich in den großen Sessel setzen und uns vorsorglich zuerst einmal mit dem guten alten Tropfen stärken. Das wird uns ein wenig ins Blut gehen und uns in die richtige Stimmung versetzen. Ich finde, sicher ist sicher!“

Damit drückte sie mich in den großen, tiefen Ohrbacksessel, setzte sich auf meinen Schoß und reichte mir das Glas.

Das hätte sie besser nicht tun sollen – ich meine das auf den Schoß setzen –, sondern sich in den zweiten Sessel gesetzt!

Wie ein Lavastrom schießt augenblicklich das Blut durch meine Adern, und in meiner Hose geht ein wahrer Freudentanz los!

Natürlich merkt sie sofort, was da unten los ist und drückt sich nur noch fester an mich, dieses Luder. Ich habe beinahe den Eindruck, daß es ihr im Augenblick gar nicht mehr so sehr darum zu tun ist, gleich mit dem Lesen zu beginnen, sondern daß sie vielmehr der löblichen Meinung ist, daß unsere bisherigen Kenntnisse in der Liebe ja auch nicht so ganz ohne sind.

„Aber, aber, meine Liebe“, sage ich ganz scheinheilig und tue so, als ob ich überhaupt nichts merke, „so können wir doch nicht in Ruhe lesen.“

Ich hebe sie sanft in die Höhe, fasse unter ihren sowieso ganz kurzen Rock und ziehe ihr das Höschen herunter.

Dann befreie ich meinen rebellischen Priap, der sofort gebieterisch sein Haupt reckt. Senkrecht schnellt er in die Höhe und steht nun eisern da. Jetzt will er endlich seine Begrüßung haben!

Jeannette lacht und gibt ihm einen kleinen Klaps. Dann

hat sie mit dem armen Wicht, der schon einen ganz roten Kopf hat, aber doch Erbarmen und begrüßt ihn.

Mein Blut kocht, aber ich will ihr noch ein wenig Theater vorspielen; auch sie soll noch ein wenig zappeln, bis sie ihren Willen bekommt.

„Meine Liebe, du dürftest doch allmählich wissen, daß man einen solchen Burschen nicht ungestraft licbkosen darf. Oder solltest du etwa irgendwelche hintergründigen Absichten haben?"

„Und wenn ich welche hätte? Wären dir denn diese Absichten gar so unangenehm?"

„Nein – eigentlich nicht!"

„Nun, dann errate doch einmal meine hintergründigen Absichten?"

Da kann ich mich nicht mehr beherrschen, hebe sie hoch und setze sie über ihren feurigen Verehrer.

Ach, was hat dieses Mädchen doch für ein herrliches Tal der Wonnen! So eng und jungfräulich wie am ersten Tag. Mit der angeborenen Raffinesse einer liebenden Frau versteht sie es immer wieder, die Lust und Begierde zu wecken und zu steigern, um uns dann auf den Gipfel der Wollust und gleichzeitigen Erfüllung zu führen.

Bin ich bei ihr am Ziel aller Wünsche angelangt?

Ganz ruhig sitzt sie auf mir. Und während ihr warmer, junger Mund sich auf den meinen preßt und ihre kleine spitze Zunge sich durch meine Zähne schiebt, um meinen Gaumen leicht zu kitzeln, beginnt in ihrer heißen Grotte langsam ein aufregendes Muskelspiel.

Oh, dieses aufreizende Spiel, das keine mit einer solchen Meisterschaft bisher beherrschte wie meine Jeannette!

Ich packe sie bei ihren festen Brüsten, küsse sie auf die kleinen Warzen, die vor Freude steil und spitz abstehen.

Ich zittere vor Verlangen – am liebsten würde ich ihr die Kleider vom Leib reißen, um sie ganz, ganz ohne jede, diese Herrlichkeiten verdeckende Hülle, genießen zu können.

Mein Fieber greift auch auf Jeannette über. Sie stößt kleine Schreie aus, ihre Finger krallen sich bei mir fest, ihre Schenkel umschließen die meinen noch fester.

Wir fallen von unserem Sessel herunter und wälzen uns über den Teppich. Eisern halte ich sie umklammert. Hart stößt sie dagegen und bleibt mir nichts schuldig, bis wir gleichzeitig auf den Höhepunkt kommen und mit einem brünstigen Schrei ermattet aufeinander liegen bleiben.

Als wir uns etwas erholt haben, schleicht sich Jeannette ins Bad, um sich zu erfrischen – ich folge ihr.

Wie ich sie da so pudelnackt stehen sehe, würde ich am liebsten gleich wieder über sie herfallen, aber wir wollten ja doch in den Erinnerungen lesen – und so beherrsche ich mich.

Außerdem haben wir ja noch eine lange, sehr lange Nacht vor uns, ja sogar vielleicht Tage und Nächte, denn wer weiß, wie lange wir lesen?

„Komm her, mein Schatz, wir wollen uns nicht gleich am Anfang so verausgaben, daß wir nachher vielleicht unfähig sind, die Eskapaden meines Onkels nachzuexerzieren! Trinken wir zur Stärkung ein Glas Wein – und fangen wir dann mit der Lektüre an!“

Jeannette war nicht nur ein schönes, sondern auch ein sehr kluges Mädchen – sie setzte sich nämlich jetzt in den zweiten Sessel!

Wir begannen nun die Memoiren meines Onkels zu lesen.

Ich rette die Gräfin vor der Vergewaltigung

Ich muß vorausschicken, daß ich nicht immer Detektiv war, sondern vorher Offizier bei einem Infanterieregiment in Kronstadt an der rumänischen Grenze.

Kronstadt ist bekanntlich eine der schönsten Garnisonen der österreichischen Armee. Hier gibt es reiche und vornehme Familien, viele besonders schöne und anziehende Frauen und demzufolge Bälle und Gesellschaften – einfach alles, was sich ein junger, gutaussehender Offizier wünschen kann. Nicht vergessen möchte ich auch noch die ausgezeichnete Jagd – also Herz, was begehrst du noch mehr?

Mein Major hatte mich sehr gern, und auch beim Regimentskommando war ich gut angeschrieben, so daß ich die besten Aussichten auf eine schnelle Karriere hatte.

Ein Moment der Unüberlegtheit vernichtete eines Tages mit einem Schlag all diese Aussichten und Erwartungen und warf mich aus der vorgezeichneten Bahn.

Doch ich will der Reihe nach erzählen.

Im großen und ganzen hatten wir in unserem Regiment lauter brave Leute. Sie waren nicht gerade sehr intelligent, aber dafür willige und ergebene Soldaten, die an dem Offizier, der sie zu behandeln verstand, mit blinder Treue hingen. Selten kam es vor, daß sich einmal einer gegen diese Disziplin verging.

Doch die beste Disziplin geht flöten, wenn zu der braven Herde plötzlich ein räudiges Schaf kommt.

Nagru hieß der Kerl, halb ein Zigeuner, halb ein Wallach, der sich drei Jahre lang dem Einrücken zu entziehen verstanden hatte. Endlich gelang es den Gendarmen, den wilden Gesellen in total betrunkenem Zustand einzufangen und beim Regiment einzuliefern.

Man kann sich die Freude des mit einem solchen Rekruten beglückten Hauptmanns vorstellen. So ein Kerl kann ein ganzes Regiment außer Rand und Band bringen.

Ich erinnere mich noch sehr gut daran, wie der dicke, sonst so gemütliche Pachinger fluchte, als ihm der Regimentsadjutant den Entschluß des Obersten mitteilte, ihn mit diesem Musterexemplar von einem Rekruten zu beglücken.

Es stellte sich dann auch bald heraus, daß die Wut des armen Pachinger nur zu begründet war.

Er versuchte es mit Milde und Nachsicht, den Nagru zur Vernunft zu bringen. Er redete ihm gut zu und hielt ihm vor Augen, daß es in seiner Lage doch das beste wäre, sich in das Unabänderliche zu fügen und sich während der Zeit anständig aufzuführen. Doch als dies alles nichts half, sperrte er ihn schließlich ein, daß dem Kerl die Augen übergingen. Aber auch das half nichts, er änderte sich nicht und versuchte nur Unruhe zu stiften und die Kameraden aufzuhetzen.

Eines Tages war der Kerl dann plötzlich verschwunden. Er hatte tatsächlich drei gleichgesinnte Seelen gefunden, die sich ihm beim Ausreißen angeschlossen hatten. Mit dem aber noch nicht genug. Die Schufte nahmen ihre Gewehre mit, und durch einen kühnen Einbruch in das Kompaniemagazin versorgten sie sich mit der nötigen Munition.

Als der alte Feldwebel des Pachinger – der dafür ja verantwortlich war – den Diebstahl bemerkte, traf ihn beinahe der Schlag.

Aus Hermanstadt kamen vom Divisions- und Korpskommando die längsten Nasen, die sich auf dem üblichen Dienstweg bis zum armen Pachinger hinunter ins Ungeheuerliche verlängerten.

So habe ich den sonst ruhigen Pachinger noch nie erlebt, er tobte wie ein wildgewordener Stier – seine Flüche hallten durch die ganze Kaserne.

Das ganze Regiment wurde den Deserteuren nachgeschickt. Husaren und Gendarmen waren Tag und Nacht unterwegs – es war alles umsonst, die Kerle waren nicht einzufangen.

Hoch oben in den Klüften des Schuler und anderer Bergriesen führten sie ein höchst vergnügtes Räuberdasein und lachten über die vergeblichen Anstrengungen ihrer früheren Kameraden sich eins ins Fäustchen. Von ihrem herrlichen Höhensitz konnten sie das ganze vergebliche Manöver ja wunderbar beobachten.

Die vier Kerle führten ein wildes Leben. Sie überfielen einsame Bauernhöfe, um sich mit der nötigen Nahrung zu versorgen und raubten Touristen, wo sie ihrer nur habhaft werden konnten, bis auf das Hemd aus.

Wehe aber den Weibspersonen, die ihnen in die Hände fielen – sie wurden erbarmungslos und brutal vergewaltigt! Und zwar nicht nur von einem Kerl, nein, von allen vieren. Die Frauen, die dieses viehische Vergehen erdulden mußten, litten Zeit ihres Lebens an diesem Schock.

Kronstadt kam nicht mehr zur Ruhe. Die Frauen wagten sich nicht mehr auf die Straße. Die blanke Angst saß ihnen allen im Genick. Man verbarrikadierte nachts die Häuser und fühlte sich trotzdem nicht mehr sicher. Man fühlte sich in die Zeiten Rozsa Sandors – des berühmten ungarischen Räuberhauptmanns – versetzt.

Zu alledem kam noch ein beträchtlicher wirtschaftlicher Schaden hinzu, da fast alle Sommergäste ausblieben.

Es war ja auch verständlich; wer wollte denn schon seine Ferien in einem Land verbringen, wo man vor Überfällen,

Schändungen oder vielleicht gar Totschlag nicht mehr sicher war?

Na, und die wenigen Sensationslüsternen, die so etwas vielleicht anziehen konnte, von denen konnte man nicht leben, die hatten meistens sowieso nichts; sie zählten hierbei nun wirklich nicht.

Es klingt vielleicht etwas unglaublich, aber ich habe schließlich ganz allein diesen Banditen den Garaus gemacht!

Ich will allerdings zugeben, daß ich hierbei mehr Glück als Verstand gehabt habe.

Eines Tages rückte zu unseren Husaren der junge Graf K. zur Waffenübung ein. An und für sich wäre daran ja nichts Besonderes gewesen, wenn er nicht seine blutjunge und ganz besonders schöne Frau mitgebracht hätte. Das junge Paar, das sich überhaupt nicht trennen wollte, verband diese Übungszeit mit so einer Art Nachhochzeitsreise.

Wie gesagt, die Gräfin war eine ausnehmend schöne junge Frau, die sicherlich noch keine neunzehn Jahre alt war. Sie war groß und schlank, hatte blonde Haare und feurig funkelnde, blaue Augen. Ihr Wesen war von einer natürlichen, bezaubernden Liebenswürdigkeit.

Es konnte nicht anders sein – die ganze Garnison war vom ersten Tag an bereits in sie verliebt.

Die ganze Weiblichkeit von Kronstadt aber, der sonst das Regiment bei jeder sich bietenden Gelegenheit mit gezücktem Säbel nachlief, war plötzlich für die ganzen Mannsbilder gestorben.

Natürlich hatte es auch mir gleich dieses schöne Weib angetan. Ich hätte kein Mann sein müssen, wenn sich nicht auch mein Säbel aufrichtete, wenn ich ihr begegnete und mit Kennerblick mir diesen herrlichen Körper ohne die verdeckenden Hüllen vorstellte.

Mein Gott, was hätte ich dafür gegeben, wenn ich dieser Frau unter anderen Umständen begegnet wäre! Aber so – nein! Das ging beim besten Willen nicht!

So zog ich mich absichtlich zurück und zeigte ihr vielleicht als einziger nicht, daß es um mich kein bißchen anders stand als um meine Kameraden, die ihr so offensichtlich den Hof machten.

Meine Standhaftigkeit wurde auf eine harte Probe gestellt, da das Schlafzimmer des Ehepaars im Hotel Bellevue genau neben meinem Zimmer lag. Zu allem Überfluß verband beide Zimmer auch noch eine Tür, die auf der anderen Seite nur durch einen Schrank halb verstellt war.

Ich habe zwar vorhin gesagt, daß ich zu stolz dazu war, wie meine Kameraden der Gräfin öffentlich den Hof zu machen, aber so stolz war ich nun wiederum auch nicht, daß ich nicht aus dem nahen Beieinanderwohnen versucht hätte, meinen Vorteil zu ziehen.

Man zeige mir den gesunden jungen Mann, der sich gleichgültig verhält, wenn er weiß, daß im Nebenzimmer, nur durch eine dünne Wand getrennt, ein blendend schönes Weib schläft!

Ich schäme mich jedenfalls nicht, offen zu bekennen, daß allein der Gedanke daran mir das Blut durch die Adern jagte und mir die verführerischsten Bilder vorgaukelte.

Welch prickelnder Reiz, sich vorzustellen, wie sie sich entkleidet, wie ihre herrliche Gestalt sichtbar wird, wie die jungen Brüste mit ihren stechenden Wärzchen hervorkommen, wie der schlanke Leib in seiner ganzen Schönheit völlig nackt dasteht; und wie herrlich muß erst der Venusberg mit seinem goldenen Lockengewirr aussehen!

Um wieviel schöner muß da erst noch das Tal der Wonne sein?

Ach, ich beneidete das Leintuch, das all diese Kostbarkeiten tragen durfte, das Badewasser, das diesen Leib umspülte und in jede Falte kriechen konnte, das Handtuch, das diesen Körper reiben durfte!

Doch Träume sind Schäume!

Wenn ich der Gräfin begegnete, grüßte ich höflich. Ich verschanzte mich hinter meiner Reserviertheit, aus Angst, daß ich mich durch eine Geste, durch einen Blick verraten könnte.

Plötzlich wurde ich zum Moralprediger und fand, daß wir Männer uns nur lächerlich machen, wenn wir sinn- und charakterlos jedem hübschen Gesicht und Rock nachlaufen.

Doch was heißt hier sinn- und charakterlos? Und vor allem jedem hübschen Gesicht? Man konnte die Gräfin nun wirklich nicht in die allgemeine Masse einordnen und von ‚jedem' hübschen Gesicht sprechen.

Wenn eine Frau so überragend schön ist wie die Gräfin, dann kann man dem Mann, der ihr den Hof macht, nicht vorwerfen, daß sein Handeln sinn- und charakterlos ist.

Um ein schönes Weib werben, lange werben – ja! Aber glücklich sein, wenn einen in der Masse ein zufälliger Blick streift, oder wenn einem gar die Gnade zuteil wird, einen hinuntergefallenen Handschuh aufzuheben – nein!

Außerdem, was hilft denn das ganze Gerede? Die ganze Sache hatte ja nicht die geringste Aussicht auf Erfolg.

Die Gräfin war jung verheiratet und bis über die Ohren in ihren eigenen Mann verliebt. Ich hatte doch Augen im Kopf und konnte sehen, wie lästig ihr all diese Courschneiderei war, wie sie die ganzen Mannsbilder am liebsten zum

Teufel gejagt hätte, damit sie bei ihrem eigenen Mann ein gewisses Türchen hätte öffnen können, um sich den Wonnen hinzugeben, nach denen ihr junger Körper stündlich verlangte.

Doch warum urteile ich über meine Kameraden eigentlich so hart? Warum fühle ich mich so haushoch allen anderen überlegen?

Was tat ich im Grunde genommen denn anderes?

Nein, ich lief ihr nicht öffentlich nach, wie diese – ich tat es dafür in meinen Gedanken bei Tag und Nacht.

Ich zog sie aus! Ich umarmte, begehrte und küßte sie! Ach, warum bin ich nicht ehrlich?

Ich ging viel weiter, ich küßte nicht nur ihren Mund mit den sinnlich aufgeworfenen Lippen, ich küßte ihre kleinen festen Brüste, saugte an den noch so jungfräulichen Rosenknospen, knabberte vorsichtig mit meinen Zähnen daran, bis sie hart wie Stein wurden, ließ dann meine Lippen über den schlanken Leib immer weiter wandern, bis ich an den Venusberg mit den blonden Locken kam …

Wie Wellen schlägt es über mir zusammen, und ich finde endlich die Erlösung und Befreiung von meinen Qualen.

Oh, ich eitler, selbstgefälliger Tor – nie wird sie sich mir so hingeben! Sie würde mich nicht nur auslachen, viel schlimmer, sie würde mich verachten!

Eines Abends hatte ich noch sehr lange zu arbeiten, da ich die Rechnungsablegung der Kompanien zu prüfen hatte. Es schlug bereits zwölf Uhr, und ich raufte noch immer mit den geisttötenden langen Zahlenreihen herum.

Im Zimmer nebenan geht die Tür – meine Nachbarn kommen nach Hause.

Hell klingt das Lachen der jungen Frau zu mir herüber –

und augenblicklich drehen sich meine schönen Kolonnen von oben nach unten und von unten nach oben – ich sehe überhaupt nichts mehr. Der Raum wird mir zu eng, die Luft zu dick; ich glaube, ersticken zu müssen.

Mein Gott, warum müssen sie auch gerade das Zimmer neben mir haben? Warum muß die Tür so dünn sein, daß sie jeden Laut und jedes Geräusch durchläßt?

Zuerst höre ich nur das fröhliche Lachen, doch dann tritt plötzlich Stille ein.

Ich will aus dem Zimmer, ich kann die Bilder, die mir meine Eifersucht vormalt, nicht mehr ertragen – doch ich gehe nicht.

Magisch angezogen gehe ich näher an die Verbindungstür – ich presse mein Ohr daran – ich muß hören, was da drüben vorgeht!

Das Lachen ist leise geworden, immer mehr unterbrochen von den Küssen, die ich deutlich hören kann.

Nun ein leises Seufzen, ein Kichern, ein neckisches Spiel des sich Gebens und doch Wehrens einer verliebten Frau, die ganz genau weiß, daß sie damit die Liebesangriffe des geliebten Mannes nur noch anfachen wird.

„Bitte, sei doch nicht so stürmisch! – Ich muß mich doch erst ausziehen. – Wir haben ja noch eine lange, lange Nacht vor uns und so viel Zeit für unsere Liebe“, höre ich sie nun flüstern.

„Ich kann nicht warten, ich kann nicht zusehen, wie du dich langsam ausziehst. Oh, du bist so herrlich, so wunderschön, so einmalig! Ich muß dir die Kleider vom Leibe reißen, – ich will dich gewaltsam besitzen, – ich will dich unter mich zwingen – du …“ Seine Worte gehen in einem Röcheln unter.

Ein seliger Seufzer der jungen Frau war die Antwort.

Warum stand auf der anderen Seite der Tür nur dieser idiotische Schrank!

Ich will zusehen, will mich selbst damit quälen! So kann ich nur horchen und mir das Bild ausmalen.

Ich muß dieses herrliche Weib in ihrer ganzen Nacktheit sehen, ich will sie mit meinen Händen umfassen und ihren Körper streicheln, will sie küssen und besitzen!

Ah, nun rührt sich nebenan wieder etwas, Kleider rascheln. Jetzt höre ich wieder Küsse, Küsse und nochmals Küsse. Herrgott, wann hört denn das nun endlich auf!

Ein leises Tätscheln, wie wenn eine vor Gier zitternde Hand die Reize eines schönen Weibes liebkost.

„Du bist so schön, so unvergleichlich schön", hörte ich ihn flüstern. „Jeden Tag liebe ich dich mehr –"

„Weil ich den anderen so gefalle?"

„Ach die – wenn sie nicht alle meine Vorgesetzten wären, brächte ich sie auf der Stelle der Reihe nach um. Wie ich leide, wenn ich zusehen muß, wie sie dich mit ihren gierigen Blicken verschlingen. Wenn ich mir ihre heimlichen Gedanken vorstelle. Oh, es ist für mich fürchterlich, glaube es mir, mein Schatz!"

„Bist du denn so eifersüchtig, Liebling?"

„Eifersüchtig? Was heißt eifersüchtig? Ich bin rasend! Ich glaube oft, meiner Sinne nicht mehr mächtig zu sein, so eifersüchtig bin ich!"

„Ach, du Dummchen – wenn du nur wüßtest, wie zuwider sie mir schon alle sind. Was sie sich nur einbilden! Merken sie denn nicht, daß ich sie alle zum Narren halte? Können Männer denn so jeden Verstand verlieren?"

„O ja, mein Liebling, das können Männer – ganz besonders, wenn es sich um eine so bezaubernde Frau, wie du es bist, handelt. Aber ich vertraue dir blindlings – und trotzdem – ich kann es nicht verhindern, daß mich diese Eifersucht beinahe vernichtet. Kannst du mich verstehen?“

Herrgott, was war ich froh, daß ich nicht unter diese „alle“ zählte. Zum ersten Mal, daß der Lauscher an der Wand nicht seine eigene Schande hört! Aber wenn ich ehrlich bin, so muß ich mich ja noch mehr schämen.

Ich lauschte! Pfui Teufel! Ich stand an der Tür, schwitzte vor Erregung, hatte mir den Kragen heruntergerissen, weil ich meinte, ersticken zu müssen, und war im Begriff, mit der Hose das gleiche zu tun, denn der Gefangene bäumte sich derart auf, daß er die Knöpfe zu sprengen drohte. Kalter Schweiß bedeckte meinen ganzen Körper.

Da hörte ich, wie sie auf das Bett fielen. Wieder Küsse, Seufzer und Gekicher – dann ein leiser Aufschrei der jungen Frau!

Ein Höllenlärm ging nebenan los. Das Bett quietschte und knarrte, die Seufzer und Wonneschreie mischten sich mit den schmatzenden Küssen. Jetzt – ein leises Klatschen auf ihrem herrlichen Körper – er wird doch nicht etwa perverse Ambitionen haben? Nein, sie wehrt sich nicht, ich höre sie lachen, es kann also nicht weh tun. Jetzt flüstert sie leise Worte, heiser vor Lust und Freude.

„Ach, Liebster, wie ist das herrlich! Nie hätte ich es mir so vorstellen können. Immer wollen wir glücklich sein, ja?“

„Mein Schatz, mein Ein und mein Alles, ich möchte in dir versinken, dich ganz in mich aufnehmen – welch verzehrende Glut jagt durch meinen Körper. Was war mein Leben bisher ohne dich – ach – daß Lieben doch so wundervoll – so unermeßlich schön sein kann!“

„Ohhh, halte mich fest, nimm mich in deine starken Arme! Ach, wie ist das süß! Wie liebe ich dich – so lieb – so wahnsinnig lieb – oh – oh – wannsinnig – was wollen sie denn, die anderen? Schatz – süßer, einziger Mann – jetzt – ahhh – jetzt – ich – sterbe!“

Nein, sie starb beileibe nicht. Es trat ein wenig Ruhe ein, doch dann merkte ich, wie sie ihn wieder mit Küssen und Streicheln und leisem Klatschen bearbeitete. Sie mußte wohl das größere Temperament von beiden haben.

Flammen tanzten vor meinen Augen, ich glaubte, es nicht mehr ertragen zu können. Senkrecht, mit glühend rotem Haupt, stand mein Speer. Unwillkürlich griff meine Hand danach – und schon schoß der erleichternde Strahl heraus und brachte mir einigermaßen meine Ruhe wieder zurück.

Im Zimmer nebenan war es inzwischen ruhig geworden. Anscheinend gehörte der Graf gerade nicht zu den ausdauerndsten Kämpfern. Ich konnte es mir gut vorstellen, wie er sich der vermeintlich wohlverdienten Ruhe hingab.

Wie gesagt, ich nehme an, daß sie die wollüstigere Natur von beiden war. Leise hörte ich sie noch flüstern, es klang wie eine bittende Aufforderung, dieses herrliche Spiel doch fortzusetzen – dann ein resignierter Seufzer, und Totenstille.

Ich stand mit zitternden Knien hinter meiner Tür, sinnlos vor Aufregung. Vor meinen Augen sah ich das schöne Weib sich in seiner göttlichen Wollust werfen und winden.

Mit selbstquälerischer Geilheit malte ich mir von neuem bis ins kleinste Detail ihre Reize aus – den kleinen straffen Busen, die kleinen harten Himbeeren darauf, die schlanken, straffen Schenkel, die herrlichen Rundungen des Popos – und jenes Tal des Paradieses!

Himmel, läge ich doch nur an der Stelle des Grafen! Ich wüßte mir etwas Besseres als nach zwei Nummern einzuschlafen!

Diesem feurigen Weib wollte ich es zeigen, was Liebe ist! Die ganze Nacht würde sie kein Auge zumachen! Nach jeder Ermattung würde ich sie mit meinen Küssen, meinen liebkosenden Händen zu neuer Glut erwecken – zu einer Glut, wie sie noch nie ihren Körper durchrast hat!

Bis jetzt kennt sie nur ihren eigenen Mann, weiß nur von seiner Kraft – und doch ist sie schon heute damit nicht mehr zufrieden! Warum hatte sie so eine bettelnde Stimme gehabt, warum hatte sie so entsagungsvoll geseufzt?

Sie hatte Blut geleckt, sie war erwacht! Sicherlich ahnte sie, daß es auch noch anders sein könnte, daß man dieses Tal der Wonnen nicht nur zweimal in einer Nacht zum Jubeln und zum Weinen bringen kann!

Umbringen könnte ich diesen Kerl, daß er diesem herrlichen Weib nicht die letzte Befriedigung verschafft hat. Wie kann er sich nur hinlegen und schlafen, wenn dieser göttliche junge Körper warm und weich neben ihm liegt.

Die Zeit des Grafen in unserer Garnison ging zu Ende. Ich hatte mich ihm und seinem schönen Weib nicht mehr genähert als früher. Im Gegenteil, ich ging ihnen jetzt direkt aus dem Weg, denn wenn ich die runden Hüften und den zart gewölbten Busen der jungen Frau nur von weitem sah, begannen vor meinen Augen die Funken zu tanzen.

Anstatt zu lauschen und mir durch ihre Liebesmusik unnötig einheizen zu lassen, schulterte ich mein Gewehr, pfiff Lord, meinem Hund, und ging hinauf in die Berge.

Schon seit Wochen stellte ich so einem alten Kerl von Bären nach, konnte die Bestie aber nie zum Schuß bekommen. Er war schlau und hielt mich genauso zum Narren, wie die Gräfin ihre Anbeterlegion.

Wie ich hörte, wollte der Graf mit seiner Frau einen

Ausflug auf den 1800 Meter hohen Schuler unternehmen. An und für sich war das keine aufregende Sache. Gefährlich wurde – oder konnte – die Tour nur dadurch werden, daß sich Nagru mit seinen Banditen da oben irgendwo herumtrieb. Man hatte zwar von den Halunken über zwei Monate nichts mehr gehört, aber das war kein Beweis dafür, daß sie unser Gebiet verlassen hatten.

Dem Paar wurde dringend abgeraten, sich in eine unnötige und eventuell sehr folgenschwere Gefahr zu begeben. Lachend schlug der Graf jedoch die gutgemeinte Warnung in den Wind und meinte nur selbstsicher, die Banditen sollten nur kommen, er wollte schon mit ihnen fertig werden! Er lehnte auch jede Begleitung, die man ihm zu seinem Schutz freundlicherweise anbot, entschieden ab.

Nun ja, welcher Verliebte würde nicht auf eine Gelegenheit warten, um sich vor der Angebeteten als Held auszuzeichnen? Vor allem, wenn er doch vielleicht im Unterbewußtsein sich darüber im klaren war, daß er im Bett nicht gerade der größte Held war!

So zogen sie also eines Morgens, nur von ihrem Diener begleitet, in die Berge hinauf.

Ich selbst war am Abend vorher mit Lord über die Hochebene der Pojana hinaufgestiegen, wo ich einen frischen Wechsel meines gepelzten Freundes entdeckt hatte. Aber der verflixte Kerl kam nicht, und ich lag die ganze Nacht umsonst auf der Lauer.

Mißmutig stieg ich also nach Sonnenaufgang zur Jägerhütte, um mir dort einen wohltuenden Tee zu kochen. Auch Lord ging nicht leer aus und bekam sein Frühstück. Anschließend streckten wir uns noch einmal wohlig auf warmen Decken aus, und ich hoffte, ein bis zwei Stunden zu schlafen, um mich für den langen Abstieg zu stärken.

Als ich erwachte, stand die Sonne schon hoch am Himmel. Es war ein ausgiebiger, aber erfrischender Schlaf gewesen.

Ich wollte gerade vor der Hütte meinen Rucksack pakken, als ich tief unten im Hohlweg drei Gestalten sah, zwei männliche und eine weibliche. Sie stiegen gemächlich den Pfad zum Schuler hinauf. Durch mein Glas konnte ich nach einiger Zeit erkennen, es war der Graf mit seiner Frau und dem Diener.

Einige Sekunden kämpfte ich mit mir, ob ich ihnen entgegengehen sollte. So eine zufällige Begegnung hier oben in den Bergen, die war vielleicht mehr wert, als die ganze süßliche Courschneiderei dort unten.

Aber nein! Ich mußte meinem Vorsatz treu bleiben, ich durfte ihr nicht begegnen. Was sollte ich denn mit dieser ganzen, so aussichtlosen Sache anfangen. Also schulterte ich Rucksack und Gewehr und kletterte einen schweren Fußstieg hinunter, der mich unmittelbar bis an die obersten Häuser des rumänischen Viertels bringen mußte. Schon nach wenigen Minuten hatte ich sie aus den Augen verloren.

Da plötzlich – ein eisiger Schrecken lähmte mich – hörte ich zwei rasch aufeinanderfolgende Schüsse, dann gellte der Schrei eines Weibes in höchster Not zu mir herüber – noch ein Schuß, kurz und hell wie aus einem Revolver, und wieder der entsetzliche Schrei, noch gellender, noch verzweifelter!

Nagru – schoß es mir durch den Kopf!

O Himmel! Das schöne Weib in den Händen der Banditen!

Mir erstarrte das Blut in den Adern, ich war von tödlicher Angst um sie wie gelähmt.

Doch dann peitschte mich der Gedanke auf, und in halsbrecherischer Jagd hetzte ich den Weg wieder zurück. Auch Lord schien zu ahnen, was vorging, denn seine kurzen Nackenhaare standen einzeln wie Borsten, und von Zeit zu Zeit stieß er ein dumpfes, wütendes Knurren aus. Er war ein riesengroßer Kerl mit einem Brustkasten wie eine Mastigdogge, dazu wild und mutig.

Lord und ich, wir konnten es getrost mit den Halunken aufnehmen! Aber zuerst mußten wir sie einmal finden!

Nach einer halsbrecherischen Kletterei kamen wir endlich zu der Stelle, an der der Überfall vor sich gegangen war. Es bot sich mir ein entsetzlicher Anblick.

In einer großen Blutlache lag der Diener des Grafen. Der arme Teufel hatte einen Schuß in die Brust bekommen und außerdem eine fürchterliche Wunde am Kopf. Augenscheinlich hatte er zuerst den Schuß erhalten und war dann, als er trotzdem noch Widerstand leistete, niedergeschlagen worden.

Wo aber waren um Gottes willen die Gräfin und ihr Mann? Wo hatten die Banditen ihr Versteck – wie sollte ich sie nur finden?

Zunächst versuchte ich in aller Eile, es erst einmal dem armen Teufel von Diener so leicht wie nur irgend möglich zu machen. Ich schleppte ihn in den Schatten und verband, so gut es den Umständen nach möglich war, seine Wunden. Soviel ich als Laie davon verstand, waren sie zwar sehr schwer, aber doch wohl nicht lebensgefährlich. Ich öffnete seinen Rucksack und fand darin eine Flasche Cognac, die ich so neben ihn legte, daß er sie, sobald er aus seiner Ohnmacht erwachen würde, greifen konnte.

Mit knirschenden Zähnen machte ich mich jetzt schleunigst an die Verfolgung der Banditen. Sie hatten inzwischen einen erheblichen Vorsprung, den sie sicherlich weidlich zu nutzen wußten.

Weiß der Himmel, was in dieser entsetzlich langen Zeit alles schon passiert war.

Eine irrsinnige Wut packte mich, wenn ich daran dachte, daß dieses schöne Weib die Beute der Hunde wurde.

In meiner überhitzten Phantasie sah ich, wie sie sie niederwarfen, wie sie ihr die Kleider vom Leibe fetzten, ihr die schönen Beine auseinanderrissen – jetzt – ach welch eine Qual – warf sich der eine über sie – Himmel – umbringen werde ich dich, Hund – elendig verrecken werde ich dich lassen – ich werde dich zu Tode massakrieren – entmannen werde ich euch alle, die ihr eure dreckigen Hände nach diesem reinen Leib ausgestreckt habt – ich schwankte, so schüttelte mich das Entsetzen!

Lord hatte bei dem Verwundeten die Fährte aufgenommen und führte mich erst steil in die Höhe und dann seitwärts in eine schmale, finstere Schlucht, von deren Existenz ich bis dahin keine Ahnung gehabt hatte. Ich rannte mehr als ich ging und fiel einmal in meiner Rage so lang ich war über eine Baumwurzel.

An den böse funkelnden Augen meines Lords erkannte ich, daß wir immer näher und näher an die Banditen herankamen. Er riß an der Leine, daß ich ihn kaum noch halten konnte.

Plötzlich blieb er hinter einem dicken Gebüsch stehen. Die waagerecht stehende Rute und sein zorniges Knurren, das schon mehr ein unterdrücktes Wutgeheul war, bewiesen mir, daß wir die Feinde dicht vor uns haben mußten. Lord war so aufgeregt, daß er sich erst beim dritten Befehl niederlegte.

Vorsichtig, auf allen vieren, wie ein Indianer, pirschte ich mich heran. Hinter einem kleinen Schlehdornbusch lugte ich hervor. Was ich jetzt sah, ließ mir das Herz im Leib stillstehen!

Diese Schlucht war augenscheinlich der Schlupfwinkel der Banditen. Sie hätten sich keinen besseren wählen können. Von drei Seiten durch beinahe senkrechte Felswände abgeschlossen, hatte sie nur den einen schmalen Zugang, durch den ich gekommen war, und den ein Mann ganz bequem gegen ein Dutzend Feinde halten konnte. Gegenwärtig dachten sie jedoch an gar keine Verteidigung, denn einmal hielten sie sich anscheinend für absolut sicher, zum anderen waren sie mit etwas viel Wichtigerem beschäftigt!

Der Graf, der augenscheinlich unverwundet war, stand, an Händen und Füßen gefesselt, an einem Baum. Totenbleich war er, und in seinem schmalen Gesicht war deutlich das Entsetzen und die ohnmächtige Wut zu lesen, womit ihn die Szene erfüllte, die sich da vor seinen Augen abspielte.

Vor ihm, dem gefesselten, wehrlosen Mann, stritten sich diese Schurken um ihre goldlockige Beute.

Regungslos, einer Leiche ähnlich, lag die Gräfin am Boden. Nur ihre Augen, die in unaussprechlicher Angst umherirrten, verrieten, daß sie noch am Leben war.

Was mochte im Herzen der Unglücklichen vorgehen, die sich vor den Augen des geliebten Mannes vergewaltigt, geschändet sah!

Und er erst? Was mußte er leiden! Er heulte, er schrie, riß an seinen Fesseln – die Banditen schauten sich nicht einmal nach ihm um!

„Valerie – Valerie“, schrie er, „mein geliebtes Weib – wir werden dann zusammen sterben! O Gott, hilf mir, daß ich ihr diese Schmach ersparen kann! Mein eigenes Leben will ich gern zum Opfer dafür geben!“

„Rudi, mein geliebter, armer Mann – schließe deine Augen, bitte, sieh nicht zu mir her – erspare mir zu all dem Unglück, das auf mich zukommt, die Scham, vor dir geschändet zu werden! Beweise mir deine Liebe – schließe deine Augen! Meinen Leib können sie schänden, meine Seele nicht! Bis in den Tod liebe ich nur dich!“

Sie dachte in dieser furchtbaren Lage nicht an sich, nur an ihn, den geliebten Mann. Dachte nur daran, was er, der doch auf das Wort, das ein anderer zu ihr sprach, eifersüchtig war, was er nun leiden mußte, wenn er das Schreckliche mit ansehen mußte!

Doch noch war ihnen eine Gnadenfrist geschenkt. Die Banditen konnten sich nicht einigen, wer zuerst diese seltene Frucht kosten sollte.

Der Nagru, der stärkste und brutalste von den vieren, beanspruchte als der Hauptmann der Bande für sich das Erstrecht.

Doch davon wollten die anderen nichts wissen. Immer höhere Wogen schlug der Streit, immer böser wurden die Gesellen. Jeder packte sein Gewehr fester, und schon glaubte ich, sie würden sich gegenseitig zerfleischen – da einigten sie sich plötzich auf das Losen.

Wiewohl die arme Frau kein Wort von ihrem wallachischen Kauderwelsch verstand, ahnte sie instinktiv, daß jetzt ihr Schicksal besiegelt wurde. Flehentlich hob sie ihre gefesselten Hände und deutete auf ihren Mann, doch die Bestien lachten nur höhnisch!

„Hei, der große Herr wird schon sehen, wie herrlich sein Weibchen unter mir tanzt“, schrie der eine Kerl.

„Wir werden ihr schon eine besondere Freude machen, der schönen Dame! Da, schauen Sie einmal her, Sie vornehme Puppe“, johlte der zweite und holte sein schmieriges, riesige Dimensionen aufweisendes Instrument aus der dreckigen Hose hervor.

Wie eine Jubelfahne hielt das Schwein ihr seinen Knüppel unter die Nase und schwenkte ihn gegen den unglücklichen Mann hin, dem der Schaum vor den Mund trat.

Die ganze Bande wieherte vor Vergnügen! Nun erst kamen sie auf die rechte Würze für ihr Vorhaben:

Den Mann, diesen großen, vornehmen Herrn, ihn würden sie bei der Schändung seines Weibes zum Zuschauen zwingen!

Der Nagru riß ihr mit einem brutalen Griff den Rock in die Höhe und streckte seine Verbrecherhände nach ihr aus.

Da verlor ich das kalte Blut, das ich trotz allem bis dahin noch bewahrt hatte. Ich hatte mich ganz langsam und vorsichtig durch das hohe Gras immer näher an die Gruppe herangeschlichen, um ja sicher meine Schüsse abgeben zu können.

Blind vor Wut und Angst um das Weib riß ich das Gewehr an die Wange und schoß!

Ich war sonst ein vortrefflicher Schütze und traf auf hundert Schritt einen Holzapfel. Jetzt in meiner maßlosen Aufregung verfehlte ich auf dreißig Schritt den Hund von einem Banditen!

Doch ehe sich die Kerle von ihrem Schrecken und Entsetzen erholen konnten, schoß ich zum zweiten Mal – und zum dritten Mal.

Der Nagru warf die Arme in die Luft und fiel über sein Opfer. Gleich neben ihm stürzte der Kerl mit der großen Maschine zusammen.

Dann stürzten wir los – Lord auf den einen, ich auf den anderen Banditen. Die Kerle waren so starr vor Überraschung und Schrecken, daß sie gar keinen Widerstand leisteten. Dazu ließen wir ihnen allerdings auch beileibe keine Zeit.

Ich haute meinem Gegner den schweren Kolben um den Schädel, daß er wie ein Stück Holz umfiel. Lord sprang dem seinen an die Gurgel, daß er gleichfalls neben seinen Kumpanen auf dem Boden Platz nahm.

Als ich Lord endlich von ihm wegreißen konnte, war er bereits tot.

Nagrus Bande war vernichtet! Drei der wüsten Gesellen waren tot; der vierte allein, den ich niedergeschlagen hatte, lebte noch. Ich kümmerte mich jedoch zunächst nicht weiter um ihn.

Als erstes befreite ich die Gräfin aus ihrer unglücklichen Lage. Eine tiefe Ohnmacht hatte ihre Sinne umfangen, und selbst als ich den toten Banditen von ihr herunterzog, kam sie nicht einmal zu sich.

Wie die angebetete Frau nun so vor mir lag, bekam ich den Lohn für meinen – sagen wir – Heldenmut!

Sehr ehrenhaft war es ja nicht, daß ich die Umstände so ausnützte. Doch man möge verzeihen, ich war ein junger Mann – und sie war abgöttisch schön! Zudem klang mir ihr Seufzen, ihre bettelnde Stimme immer noch im Ohr – und ich war so unbeschreiblich verliebt in sie!

Ich tat ihr nichts – nicht mit einem Finger habe ich sie berührt. Ich wäre sonst nicht viel besser als diese Banditen gewesen. Aber ihre Reize, die sich mir ziemlich unverhüllt darboten, die habe ich mit gierigen Augen in mich hineingetrunken. Der Bandit hatte es mir leicht gemacht, er hatte ihr den Rock bis über die Taille zerrissen.

Ein Paar wundervolle Waden und herrlich gerundete Schenkel, deren zartes Fleisch rosig durch das Seidenhöschen hindurchschimmerte, konnte ich bewundern.

Der Spalt des Höschens war zerrissen, anscheinend hatte der Hundskerl sich mit seinen Frevlerhänden bis hierher gewagt.

Verlockend, diabolisch verlockend, sah ich unter dem dichten dunkelblonden Seidenvlies den Anfang der enggeschlossenen Purpurspalte.

Daß ich bei den vor mir ausgebreiteten Herrlichkeiten nicht von meinem Siegerrecht Gebrauch machte – der Himmel weiß allein, wie entsetzlich schwer mir das fiel!

Ihre dünne Bluse war in Fetzen, und ungehindert konnte ich meine trunkenen Augen an den schönen, runden, schneeweißen Brüsten und ihren kleinen roten Knospen weiden.

Wie oft hatte ich mir im Geiste ausgemalt, wie schön sie sein müßte, doch die Wirklichkeit übertraf all meine Phantasie.

Schon beugte ich mich nieder, um sie wenigstens mit meinen Lippen zu begrüßen, da erinnerte ich mich zum Glück an den Grafen, der noch immer an dem Baum in Fesseln hing. Auch er war noch immer bewußtlos, und als ich ihm die Fesseln durchschnitt, fiel er mir regungslos in die Arme. Ich trug ihn zu seinem Weib und begann nun bei beiden mein für mich nicht leichtes Samariterwerk.

Da ich mir vorgenommen habe, in allem ehrlich zu sein, muß ich gestehen, daß ich zuerst bei der Gräfin begann. Solange ihr Mann die Augen noch zuhatte, konnte ich ungeniert vorgehen.

Noch einmal umfing mich diese einzige Pracht der herrlichen Beine, ja, ich wagte es sogar, sie etwas auseinanderzuschieben, um mir einen Blick in das Paradies zu stehlen!

Wie rosig, wie jungfräulich war da alles noch. Die roten Lippen waren beinahe ganz geschlossen, und nur wie ein Stecknadelköpfchen groß lugte der Wächter des Paradieses aus dem goldig gelockten Moose hervor. Das war dicht und breitete sich hoch über den weißen Bauch aus – ein sicheres Zeichen für die feurige Leidenschaft seiner Besitzerin.

Schweren Herzens zog ich endlich den Rock, so gut es noch ging, herunter und machte mich daran, ihr mit dem Branntwein, den ich bei mir hatte, Schläfe und Brust einzureiben. Hauptsächlich natürlich die Brust!

Ich glaube nicht, daß ein christlicher Samariter bei seinem Werk je unchristlichere Wonne empfunden hatte als ich jetzt.

Ich nahm meine Aufgabe sehr, sehr gründlich und rieb und preßte an diesen steinharten und schwellenden Brüsten herum, daß eine Tote davon hätte erwachen müssen. Und sie erwachte! Ihr erstes Wort, das nur ganz leise geflüstert wurde, so als habe sie Angst, daß es irgend jemand hören konnte, war „Rudi".

Als sie aber einen fremden Mann über sich gebeugt sah, drohte sie gleich wieder ohnmächtig zu werden. Schnell umfing ich sie, richtete sie auf und flößte ihr gewaltsam etwas Branntwein ein. Doch blitzartig ließ ich sie auch schon wieder los und sprang nach dem nächsten Gewehr, das ich erreichen konnte.

Der vierte Bandit, den ich niedergeschlagen und inzwischen ganz und gar vergessen hatte, war zu sich gekommen und rannte nun in großen Sprüngen davon.

Er durfte nicht entkommen – er hatte die Reize des göttlichen Weibes durch seine viehischen Augen entehrt.

Auf einen fliehenden Mann zu schießen, ist so eine eigene Sache – aber die Wut in mir war zu groß.

„Stai", schrie ich ihn an, „jo puska!" (Steh oder ich schieße!)

„Stai" – und zum dritten Mal: „Stai!"

Er rannte weiter – da schoß ich!

Im Laufen überschlug er sich, rollte ein Stück weiter und blieb dann liegen. Das Geschoß war ihm mitten durch den Kopf gegangen.

Als ich mich zu meinem Schützling umwandte, sah ich sie aufrecht dastehen, die Hände auf die Brust gedrückt, in den großen Augen namenloses Entsetzen über die eben mitangesehene Tötung eines Menschen.

Der Schuß hatte auch den Grafen aus seiner Ohnmacht geweckt. Leise rief er ihren Namen. Da warf sie sich laut aufjubelnd über ihn.

Ich trat zurück und überließ die beiden sich selbst.

Nach einer Stunde hatten sie sich soweit erholt, daß sie unter meiner Führung absteigen konnten. Der arme Teufel von Diener war bei Bewußtsein, und das Glück, seine Herrschaft unverletzt wiederzusehen, strahlte ihm aus den Augen. Ich hob ihn auf und trug ihn vorsichtig den jetzt nicht mehr allzu schwierigen Weg hinunter.

Acht Tage später reisten der Graf und seine Frau ab. Wie immer war ich ihnen in der Zwischenzeit möglichst aus dem Weg gegangen.

Der Himmel hatte mich genügend belohnt, ich hatte einen Blick in das Land der Seligkeiten getan – mehr durfte ich nicht verlangen.

Wo ich ging und stand, ob ich las oder schrieb, zu Pferde, zu Fuß, schlafend oder wachend – immer sah ich diese herrlichen Schenkel, dieses goldene Vlies vor meinen Augen, fühlte in meinen Händen die Marmorbrüste! Ich durfte ihr nicht mehr begegnen, ich fürchtete, mich zu verraten.

Doch seinem Schicksal entgeht man nicht. An dem Morgen, als sie abreisten, rannte ich ihr auf dem Korridor fast in die Arme. Ich wollte mit einer flüchtigen Verbeugung vorbei, allein sie hielt mich fest.

„Herr Oberleutnant“, sagte sie, und ihre süße, schmeichelnde Stimme machte mich sofort butterweich, „ich lasse Sie nicht so einfach davon. Bis jetzt sind Sie uns immer aus dem Weg gegangen – ich weiß, diese Dankesbezeigungen sind Ihnen sicherlich peinlich. Aber wie um alles in der Welt sollen wir Ihnen zeigen, daß wir Ihnen für unser ganzes Leben verpflichtet sind?

Sie haben in dieser ganzen traurigen Affäre so viel Takt“ (mir schlug bei diesem Wort die Schamröte ins Gesicht), „so viel Diskretion bewiesen, Sie haben uns, aber ganz besonders mir das Tragen dieser entsetzlichen Erinnerung um vieles leichter gemacht. Solange wir leben, werden wir Ihre Schuldner sein.“

„Frau Gräfin“, stammelte ich, „ich – ich …“

„Ach was, Sie sind aber schon zu stolz! Schlagen Sie ein, nehmen Sie als Dank meine und meines Mannes Freundschaft! Wollen Sie?“

Da ergriff ich die kleine Hand, die sie mir entgegenstreckte, und küßte sie innig.

Sie blickte mir tief in die Augen, lächelte schelmisch, nahm meinen Kopf in ihre Hände und küßte mich herzlich!

„Sie sind ein ganzer Mann – Sie müssen ein guter, treuer Freund sein! Sie sehen, ich bin egoistisch wie jede Frau! Anstatt Ihnen zu danken, verlange ich ein neues Opfer von Ihnen – Ihre Freundschaft! Oh, wie wird sich auch mein Mann freuen, daß mir das gelungen ist.“

Im stillen frug ich mich, was ich mit dieser mir angebotenen Freundschaft anfangen sollte. Aus purer Freundschaft wird sie mir ihr Paradies nie öffnen – und so als platonischer Haus- und Hofhund? Nein – ich glaube, in diesem Moment haßte ich den Mann, dem ich Ehre und Weib gerettet hatte.

Ob sie mit dem feinen Instinkt der Frau erriet, was in mir vorging? Ich weiß es nicht. Sie trat wieder ganz nahe an mich heran und faßte meine Hände.

Ich fühlte ihren wonnigen Leib ganz dicht an dem meinen. Ihr warmer Atem strich mir ins heiße Gesicht – ich brauchte nur die Hände auszustrecken!

Ein Würgen war in meiner Kehle. Jetzt, da ich sie als Freundin gewann, verlor ich sie erst recht als Weib!

„Nun, wollen Sie mein Freund sein? Mein wirklicher Freund?"

„Ja", konnte ich nur flüstern.

Da zog sie mich stürmisch in das Zimmer zu ihrem Mann und jubelte: „Rudi, Rudi, denke dir, ich habe den Stolzen kleingekriegt! Er hat mir versprochen, mein Freund zu werden!"

„Der meine hoffentlich aber auch", sagte lachend der Graf.

So wurde ich der beste Freund der beiden und habe es nach keiner Seite hin zu bedauern gehabt.

Als sie dann im Wagen saßen und die versammelten Offiziere der scheidenden Sonne ihre letzte Huldigung darbrachten, stand ich hinter dem Vorhang am Fenster und schaute verstohlen hinab.

Ich täuschte mich nicht – ihre Augen suchten mich, während sie all die Grüße erwiderte und lächelte.

Da hatte sie mich erblickt. Den anderen unmerklich, hob sie die Hand an den Mund und lächelte mir zu.

Dann zogen die Pferde an.

Meine erste „Meisterleistung" als Detektiv

Eines Tages erhielt mein Bataillon einen neuen Kommandanten, einen Böhmen, der ebenso ungebildet wie grob und brutal war. Er war ein Leuteschinder ärgster Sorte. Er brachte das Kunststück fertig, sich gleich beim ersten Ausrücken, wobei er das Bataillon kommandierte, bis auf die Knochen zu blamieren. Am schmutzigsten empfand ich jedoch, daß er die Schuld für sein Versagen auf den Kompaniechef abwälzen wollte. Die natürliche Folge davon war, daß wir ihn alle, vom Oberst angefangen bis zum jüngsten Kadetten herunter, nicht leiden konnten.

Es dauerte auch nicht lange, und ich geriet gehörig mit ihm aneinander, da ich am meisten mit ihm zu tun hatte. Eines Tages wollte er einen ganz blödsinnigen Befehl herausgeben. Ich erlaubte mir zuerst, mit aller Diensthöflichkeit darauf aufmerksam zu machen, daß dieser Befehl eine Unmöglichkeit sei. Als er dies jedoch nicht einsah und meine sachlichen Argumente nichts halfen, wurde ich schärfer und härter. Da packte ihn die Wut, und er nannte mich einen unverschämten, arroganten Adjutantenesel – worauf ich ihm eine schallende Ohrfeige gab!

Er sah in diesem Augenblick derart blöd drein, daß ich laut lachen mußte, was ihn natürlich noch wütender machte. Wie nicht anders zu erwarten, forderte er von mir Genugtuung.

Nun, diese Genugtuung konnte er gern haben. Bei dem Duell am nächsten Morgen zeichnete ich ihm meine Meinung noch einmal ganz eindeutig mit meinem Säbel ins Gesicht.

Zwei Monate später stieg ich in Wien als Zivilist herum, ohne eine Ahnung zu haben, was ich nun beginnen sollte. Ich hatte zwar ein paar gute Empfehlungen vom Oberst und vom Generalmajor in der Tasche, verspürte aber keine allzu große Lust, sie zu benutzen. Was sollten sie mir schon nützen? Sie hätten mir eventuell zu einer Stellung bei der Eisenbahn verholfen, doch der trockene Beamtenberuf sagte mir in keiner Weise zu.

Ich wollte eine Tätigkeit haben, die einen ganzen Mann erforderte, eine Tätigkeit, die Aufregung und Kampf mit sich brachte.

Da fielen mir meine gräflichen Freunde ein, und schnurstracks ging ich zu ihnen hin.

Ich wurde mit offenen Armen und einer ehrlichen Freude über das Wiedersehen aufgenommen. Der Graf versprach mir, sich beim Polizeipräsidenten, mit dem er entfernt verwandt war, für mich zu verwenden.

Man sagt immer, daß eine gute Verbindung alles im Leben ist und Tür und Tor öffnet. So war es auch hier. Drei Tage später war ich dem Detektivkorps als Adjutant zugeteilt.

Niemand war darüber glücklicher als die Gräfin, die mir nicht oft genug versichern konnte, wie sehr sie sich freue, mich nun endlich ganz in Wien zu haben.

Trotz der großen sozialen Kluft, die uns trennte, wurden sie und ihr Mann meine besten Freunde. Ungehindert ging ich in ihrem Palais ein und aus, nahm an allen Gesellschaften, die sie gaben, teil, selbst meinen Urlaub verbrachte ich regelmäßig auf einem ihrer schönen Güter.

Ganz besonders die Gräfin schloß sich eng an mich an. Bei dem Grafen dagegen hatte ich oft das Gefühl, als könne er mir bei aller Dankbarkeit nicht verzeihen, daß ich mich vor seiner Frau so ausgezeichnet hatte. Er war überhaupt in mancher Beziehung eine etwas kleinliche Natur, während sie ein großes, edles Weib war, dem ich treu als Freund ergeben blieb.

Aber gerade weil ich sie so hoch verehrte, wagte ich es nie, von ihr zu verlangen, daß sie mir mehr werden sollte als meine Freundin. Ach, zehn Jahre meines Lebens hätte ich gern hingegeben, wenn sich diese herrlichen Schenkel, die ich einmal unter so eigentümlichen Umständen geöffnet gesehen hatte, mir einmal, ein einziges Mal nur, freiwillig erschlossen hätten! Doch jene Szene oben in den siebenbürgischen Alpen wurde nie zwischen uns berührt. Sonst gab es kein Thema, das nicht zwischen uns frei diskutiert wurde. Natürlich schilderte ich ihr alle meine bisherigen Abenteuer, und mehr als einmal wollte sie sich totlachen über die schlaue Art, mit der ich meine Opfer gefangen hatte.

So trat ich also meinen Dienst bei der Polizei an. Da ich ein eleganter Bursche war, der auch etwas vorstellte, teilte man mich der Abteilung zu, die sich hauptsächlich mit weiblichen Verbrechern beschäftigte, also mit Hochstaplerinnen, Ehebrecherinnen und ähnlichen Tugendheldinnen.

„Sie haben Glück", sagte mein Chef Dr. Stein zu mir, „Sie bekommen da mitunter ein paar saubere Käfer in die Finger! Wenn Sie es schlau anfangen, fällt für Sie auch was ab – Sie verstehen mich, nicht wahr? Aber vorsichtig sein, ja, sogar sehr vorsichtig sein!"

Das ließ ich mir gesagt sein.

Als erste Aufgabe wurde mir die Überführung und Verhaftung einer Ladendiebin gestellt. Diese Frau bestahl seit einigen Wochen in einer unerhört raffinierten Weise die Juweliere und Spitzenhändler Wiens. Sie arbeitete so geschickt, daß sie sogar unerkannt einige Geschäfte zweimal mit ihrem Besuch beehren konnte.

Kein Mensch hatte nur eine blasse Ahnung, wer diese Meisterdiebin – denn eine Frau mußte es sein – sein könnte.

Während der nächsten drei Wochen stieg ich vergebens in allen vornehmen Läden herum, ohne auch nur die leiseste Spur von der Gaunerin zu entdecken. Mich wurmte das natürlich mächtig, denn daß ich gleich an der ersten Aufgabe scheitern sollte, war mir mehr als peinlich. Endlich lächelte mir eines Tages das Glück!

Ich schlenderte gerade durch die Kärtnerstraße, als ich vor einem unserer feinsten Juweliergeschäfte eine sehr elegante Dame, deren Name den allerbesten Ruf in der Wiener Gesellschaft hatte, aus ihrem Wagen steigen und das Geschäft betreten sah.

Schöne Frauen waren ja schon immer mein Fall, und da ich mir die Augenweide der schönen L. nicht entgehen lassen wollte, trat ich nach ihr in das Geschäft ein.

Der Geschäftsinhaber kannte mich ja von meiner ihm bekannten Mission her und dachte, ich käme aufgrund meiner routinemäßigen Überwachung zu ihm.

Plötzlich bediente er die vornehme Kundin und legte ihr sein halbes Lager von Ringen und Anhängern vor.

Da sie lange und kritisch wählte, hatte ich Muße, sie von meinem versteckten Standpunkt aus genau zu beobachten. Sie war eine hohe, üppig-schlanke Erscheinung mit runden Hüften und prachtvoll geschwungenem Hinterteil. Sie war ein Weib, dem man auf den ersten Blick ansah, daß sie die Liebe aus dem ff verstehen müßte.

Ihren Mann kannte ich sehr gut. Er war ein älterer, behäbiger Herr, der in Industriellenkreisen eine allererste Rolle spielte. Wenn ich mir dieses Paar vorstellte, er die Ruine und sie die Frau, die zehn Männer gebrauchen konnte – dann ergab sich die Fixierfrage: Wo ist der – oder vielmehr – wo sind die Hausfreunde?

Während ich im stillen noch diese Hausfreunde beneidete, machte ich plötzlich eine Entdeckung, die mich zuerst an meinem klaren Verstand zweifeln ließ. Ich glaubte, meinen eigenen Augen nicht mehr trauen zu können.

Da ich etwas seitwärts von der schönen Frau stand, konnte ich ihre feinbehandschuhten Hände genau beobachten. So sah ich, wie sie in einem unbewachten Augenblick einen kostbaren Brillantring in der rechten Hand versteckte und diese dann ganz gemächlich, so als wolle sie sich ein Taschentuch holen, in ihrer Kleidertasche versenkte.

Mich packte die Erregung. Hatte ich mich getäuscht? Das konnte doch nicht gut möglich sein! Sie, die Dame aus der allerbesten Gesellschaft – und eine Diebin? Das Blut stieg mir zu Kopf, mir schwindelte. Mein erster Impuls war, vorzustürzen und sie zu stellen.

Doch glücklicherweise geht diese Aufregung und die daraus eventuell resultierende Unüberlegtheit bei mir immer schnell wieder vorbei, mein Blut wird wieder kühl und meine Gedanken klar.

Was konnte ich davon profitieren, wenn ich sie jetzt hier auf der Stelle verhaftete?

Ganz nüchtern und sachlich legte ich mir einen verwegenen Plan zurecht, bei dem nicht nur die sogenannte strafende Gerechtigkeit, sondern auch ich auf meine Kosten kommen sollte. Ich wollte wenigstens versuchen, mich der schönen Beute zu bemächtigen.

So wartete ich ruhig ab, bis sie sich anschickte, einen kleinen Ring, den sie endlich gewählt hatte, zu bezahlen. Ich legte Hut und Mantel ab, ging wie ein Angestellter schnell aus dem Geschäft und auf den wartenden Wagen zu. Dem Kutscher erklärte ich sehr bestimmt:

„Die gnädige Frau läßt Ihnen sagen, Sie möchten nach Hause fahren. Die gnädige Frau wird noch einen kleinen Spaziergang durch die Stadt machen."

Ahnungslos fuhr der biedere Kutscher, der ja keinen Grund zu einem Zweifel sah, davon – und ich hatte freie Hand.

Als die Dame nun auf die Straße trat, war sie sehr erstaunt, ihren Wagen nicht mehr vorzufinden. In der Meinung, er drehe mit den Pferden in einer Seitengasse um, ging sie ein paar Schritte von dem Juweliergeschäft fort. Damit hatte ich gerechnet, denn keinesfalls wollte ich sie direkt vor dem Geschäft ansprechen.

Als sie nun in einiger Entfernung von dem Schauplatz ihrer letzten Räuberei entfernt war, trat ich an sie heran.

„Gnädige Frau, dürfte ich Sie für einige Minuten um Ihr Gehör bitten?"

Hochmütig sah sie mich von oben bis unten an. Ich lächelte still in mich hinein und freute mich schon auf den Augenblick, wo ich ihr diesen Hochmut austreiben würde.

„Mein Herr, sie verwechseln mich offensichtlich mit einer anderen Dame."

„Nein, Gnädigste, durchaus nicht. Sie sind Frau L., die soeben in dem Juweliergeschäft von J. Z. einen großen Brillantring gestohlen hat."

Gleichzeitig faßte ich sie am Arm, sonst wäre sie von dem Schreck umgesunken. Nun hatte ich in ihrem Entsetzen die unwiderlegliche Bestätigung des Diebstahls. Sie war unfähig, nur ein Wort hervorzubringen.

„Ich habe mir erlaubt", fuhr ich leise fort, indem ich sie in die stille Nebengasse zog, „Ihren Wagen durch eine kleine List zu entfernen. Ohne Schwierigkeiten hätte ich Sie auch in dem Geschäft selbst verhaften können, aber mit Rücksicht auf Sie und Ihren Gemahl wollte ich jedes Aufsehen vermeiden."

Jetzt erst bekam sie ihre Fassung wieder.

„Sind Sie wahnsinnig", zischte sie. „Verlassen Sie mich augenblicklich, oder ich rufe einen Wachmann."

Statt jeder Antwort zeigte ich ihr mein unter dem Rockaufschlag verborgenes silbernes Detektivschild.

„Gnädige Frau, wenn Sie meinem guten Rat folgen wollen, dann beruhigen Sie sich. Ich wäre sonst gezwungen, von mir aus die Polizei zu holen! Ich fordere Sie nun auf, mich ohne jeden weiteren Widerstand zu begleiten. Ich würde es außerordentlich bedauern, wenn Sie mich durch Ihr Verhalten zwingen würden, ein weniger taktvolles Benehmen Ihnen gegenüber als bisher anzuwenden."

„Taktvoll nennen Sie das? Ha, daß ich nicht lache! Sie und taktvoll! Wissen Sie denn überhaupt, was Takt ist? Brutal, das können Sie vielleicht sein, wie alle Ihresgleichen! Mir bleibt im Augenblick wohl auch nichts anderes übrig – so füge ich mich der brutalen Gewalt! Ja, der brutalen Gewalt! Sie werden es noch zu bereuen haben, das dürfen Sie mir glauben! Und wohin gedenken Sie mich nun ‚taktvoll' zu bringen?"

„Das werden Sie schon sehen", antwortete ich sehr kurz. Unglaublich, wie dieses Weib noch unverschämt war, wo sie doch wohl allen Grund gehabt hätte, sich möglichst freundlich mir gegenüber zu benehmen. Ich kochte vor Wut und gelobte mir, es ihr aber auch hundertfach heimzuzahlen. Der Sieg würde mir gehören, darauf sollte sie sich verlassen!

Ich bestieg mit ihr einen geschlossenen Fiaker und fuhr

sie zu meiner Wohnung. Während der Fahrt sprach sie kein Wort, doch an dem Wogen ihres Busens konnte ich deutlich sehen, in welcher Aufregung sie sich befand. Es war ja auch kein Wunder, bei dem, was sie auf dem Kerbholz hatte.

Als wir vor dem Haus, in dem ich wohnte, ausstiegen, machte sie ein beinahe freudig überraschtes Gesicht. Sicherlich hatte sie fest damit gerechnet, daß ich sie zu dem ominösen roten Palais der Polizeidirektion bringen würde. Nun standen wir vor einem einfachen Wohnhaus, und das gab ihr wieder neue Hoffnung. Ich öffnete die Tür.

„Bitte, Gnädigste, treten Sie ein."

„Wohin führen Sie mich?"

„In mein Privatbüro. Oder – würden Sie lieber die Polizeistation vorziehen? Ich fahre Sie gern auch dorthin, wenn Sie es wünschen. Ich will mich gern bemühen, in der nächsten Zeit mich Ihnen gegenüber so taktvoll wie es mir nur möglich ist, zu verhalten."

Einen Moment sah sie mich mißtrauisch von der Seite her an. Sicherlich sah ich nicht aus wie ein Mitglied der heiligen Hermandad, sondern eher wie das eines Jockeiklubs. Vielleicht ahnte sie auch etwas – ich weiß es nicht. Jedenfalls schien ihr nach kurzem Überlegen mein Haus doch angenehmer zu sein als der rote Kasten auf dem Schottenring. Sehr wahrscheinlich traute sie sich auch genug Kraft zu, etwaigen außerpolizeilichen Angriffen, von meiner Seite aus, die Stirn zu bieten.

Noch mißtrauischer schaute sie allerdings dann doch, als sie mein sogenanntes „Büro" betrat. Denn mein, wenn auch nicht gerade luxuriös elegantes, so doch behaglich eingerichtetes Arbeitszimmer, das ich mit meinen zahlreichen Jagdtrophäen und Schießpreisen geschmückt hatte,

hatte mit einem Büro genausoviel Ähnlichkeit, wie ein Tanzsaal mit einer Leichenhalle.

Mit einem trotzigen, hochmütigen Gesicht blieb sie an der Tür stehen. Man sah ihr deutlich den inneren Kampf an, den sie jetzt auszufechten hatte.

„Gnädige Frau", begann ich die feierliche Amtshandlung, „treten Sie ein und nehmen Sie bitte Platz." Dabei wies ich einladend auf einen bequemen Sessel.

„Ich danke. Ich hoffe, daß Sie bald Ihren unglaublichen Irrtum einsehen und mich freigeben werden. Glauben Sie nur ja nicht, Herr Polizist, daß ich Ihnen gefolgt bin, weil Ihr unverschämter Verdacht berechtigt ist. Es ist leider nur zu gut bekannt, daß man solchen Herren wie Ihnen nachgeben muß, wenn man sie nicht zu unerhörten Brutalitäten herausfordern will. Und nach diesen habe ich weiß Gott kein Verlangen!"

Hier, in diesem verschwiegenen Zimmer, hatte sie die Sicherheit der großen Weltdame wiedergefunden. Sie glaubte, mich, den kleinen Beamten, durch ihre strahlende Persönlichkeit einschüchtern, ja, erdrücken zu können.

Ich für meine Person war jedoch davon felsenfest überzeugt, daß sie für ihre Freilassung jeden Preis – ja, jeden Preis –, den ich „kleiner Beamter" von ihr verlangen würde, zu zahlen bereit wäre!

Ich überlegte kurz, ob ich soweit gehen dürfte, und führte dann einen kühnen, aber sehr wirksamen Schachzug.

„Ich habe von meiner Behörde den strikten Auftrag erhalten, Sie, gnädige Frau, solange Sie mir keine Schwierigkeiten bereiten, mit der größtmöglichen Schonung zu behandeln. Auf Grund unserer Beobachtungen haben wir Sie schon lange im Verdacht, konnten Ihnen aber bis heute nichts nachweisen."

„So? Und jetzt glauben Sie es zu können?“ antwortete sie ziemlich arrogant.

Sie mußte sich augenscheinlich sehr sicher fühlen, denn sie lachte mir höhnisch ins Gesicht.

Obwohl dieses schöne und hochmütige Weib meine Sinne über alle Maßen reizte, blieb ich kalt und ruhig.

Herrgott, das mußte so eine Wonne sein, diesen stolzen Leib unter sich zu haben. Ich muß zu meiner Schande gestehen, daß mir die Erreichung dieses Ziels im Augenblick weit wichtiger erschien, als alle Ringe und Spitzen, die sie gestohlen hatte.

„Jawohl, gnädige Frau, das können wir allerdings“, sagte ich ebenso höhnisch und trat auf sie zu.

Noch ehe sie es verhindern konnte, hatte ich sie mit dem linken Arm um die Taille gefaßt, während meine rechte Hand blitzschnell in die Tasche fuhr, in der ich vorher den Ring hatte verschwinden sehen.

Wut verzerrte ihr Gesicht, und sie machte verzweifelte Anstrengungen, sich meinem harten Griff zu entziehen.

„Das ist eine Infamie!“ rief sie keuchend. „Ich verlange, von einem weiblichen Wesen untersucht zu werden, wenn ich schon diese Schmach über mich ergehen lassen muß!“

Ohne sie loszulassen, hielt ich mit meiner Leibesvisite einen Augenblick inne.

„Ihr Wunsch, meine Gnädigste, kann sofort erfüllt werden“, sagte ich eiskalt, „doch dann müssen wir uns in die Polizeidirektion begeben, denn dort sind die Matronen, die zur Untersuchung von Frauen bestimmt sind. Überlegen Sie aber vorher folgendes: Zwei Stunden nach der Visite durch die Matronen wird in der Zeitung stehen, daß die Gattin des Kommerzialrats L. die langgesuchte Ladendiebin ist!“

„Sie werden nichts bei mir finden“, stöhnte sie. „Sie irren sich – Sie irren sich ganz bestimmt!“

Statt jeder Antwort fuhr ich, so tief ich konnte, in die Tasche hinein. Ich wollte diese hochnotpeinliche Untersuchung so lange wie nur irgend möglich hinausziehen, denn dabei konnte ich – natürlich nur um der Gerechtigkeit willen! – den üppigen Leib fest an mich pressen.

Ich stand so, daß ich zwischen meinen Beinen ihren einen Schenkel hatte. Deutlich spürte ich dessen volles, festes Fleisch, seine betörende Rundung, die Wärme, die er ausstrahlte.

War es da ein Wunder, daß mein privates Amtsorgan sich wild aufbäumte und nach Befreiung verlangte?

Es war unmöglich, daß das Weib das nicht merkte, zu stürmisch war das Pochen, zu dick war das Glied angeschwollen.

Plötzlich ging ein Zittern durch ihren Körper, sie bäumte sich auf, als wollte sie sich mir entwinden – und doch wieder fühlte ich ganz gut, wie sie magisch angezogen wurde.

„Lassen Sie mich – lassen Sie mich bitte frei“, flehte sie mit zitternder Stimme, aus der man ihre ganze Unsicherheit heraushören konnte. „Sie gehen entschieden zu weit – bitte, lassen Sie mich los!“

„Ich werde so weit gehen, wie ich es für richtig halte – und vor allem so weit, bis ich den Ring gefunden habe. Sie können die Situation sofort beenden, indem Sie mir freiwillig den Ring geben.“

Doch merkwürdig, sie tat nichts dergleichen. Zitternd stand sie an mich gepreßt. Wieder griff ich mit meiner Hand tief in die Tasche und fuhr dabei wie streichelnd den herrlichen Oberschenkel entlang. Aber merkwürdig, die Tasche war grundlos – ich schob den ganzen Arm hinein –

da durchzuckte es mich wie ein elektrischer Schlag. Ich berührte einen feinen dünnen Seidenstoff – ihre Hose. Einen Moment war ich so perplex, daß ich unwillkürlich die Hand wieder herauszog. Doch meine Verwirrung hielt nicht lange an, mein Geist fing fieberhaft zu arbeiten an. Ich hatte doch in dem Juweliergeschäft einwandfrei beobachtet, wie sie die Hand mit dem Ring in der Tasche hatte verschwinden lassen. Der Ring muß also in der Tasche sein – es sei denn, diese Tasche war grundlos und führte zu einem anderen verborgenen Versteck; sie war gewissermaßen der Kanal, durch den sie die entwendeten Gegenstände verschwinden ließ. Aber wohin?

Forschend blickte ich sie an. Das schöne, stolze Gesicht war mit Purpurröte überzogen, in den Augen standen große Tränen. Doch ich war erbarmungslos – ich mußte erbarmungslos sein. Ach, wie viel lieber hätte ich Ring Ring sein lassen und hätte dieses herrliche Weib in meine Arme gerissen!

Noch einmal tauchte ich in den Abgrund, nicht ohne mich an der kleinen Seidenhose etwas länger aufzuhalten. Ja, um nur ja nicht den rechten Weg zu verfehlen, preßte ich meine Hand voll auf das schwellende Fleisch, das ich unter dem papierdünnen Stoff zucken fühlte.

Langsam, jeden Zentimeter voll auskostend, fuhr ich abwärts, bis ich plötzlich ziemlich über dem Knie auf ein sonderbares Strumpfband stieß. Es bestand aus breitem Gummi und war mit kleinen Haken versehen. Auf einem solchen Haken fühlte ich den gesuchten Ring!

„Da sieh mal einer an!“ rief ich triumphierend und gab die Frau in meinen Armen frei.

Wortlos sank sie auf meinen Sessel. Ihr Widerstand war gebrochen. Sie schlug die Hände vor das Gesicht und weinte lautlos in sich hinein. Nichts blieb von ihrem Stolz mehr übrig. Vernichtet, bis in die tiefste Seele beschämt, saß sie nun vor mir.

Ich machte kurzen Prozeß, schob ihr einfach den Rock zurück und löste das Strumpfband. Im stillen wunderte ich mich, wie unerhört raffiniert sie sich dieses Versteck ausgedacht hatte. Das Strumpfband saß auf dem Spitzensaum der Hose über dem eigentlichen Strumpfband, das aus hellblauer Seide bestand und mit koketten Schleifchen verziert war. Dieses zweite Strumpfband hatte also nur den einzigen Zweck, die geraubten Gegenstände sicher aufzubewahren.

Wie gesagt, mein Zepter hatte eine schier unmenschliche Belastungsprobe zu bestehen, und ich hatte alle Mühe, meine Erregung vor ihr zu verbergen. Um keinen Preis durfte sie bemerken, was bei mir los war!

Ich benutzte die augenblickliche Niedergeschlagenheit und weidete mich nach Herzenslust an den Schätzen, die ich da in meiner amtlichen Tätigkeit entdeckte. Warum sollte ich auch nicht? Es hatte ihr ja freigestanden, mir den Ring freiwillig herauszugeben! Sie hätte ja wissen müssen, daß ich nicht eher ruhen würde, als bis ich das Versteck gefunden hatte – und sie, sie ganz allein, hatte gewußt, welch heißer Weg zu diesem Versteck führt!

Sollte sich bei ihr am Ende zu der Scham die Wollust gesellt haben? Wer kennt sich in einem Weib schon aus?

Unbeweglich lag sie in dem Sessel und gab ihre Herrlichkeiten meinen lüsternen Augen preis.

Was waren das doch für elegante Halbschuhe, hauchdünne Seidenstrümpfe, durch die das zarte Fleisch ihrer wunderschönen Waden so rosig durchschimmerte; welch ausnehmend elegante Wäsche trug sie.

Meine Augen gingen langsam an der Wade hinauf zum Knie, das rund, aber nicht zu voll war – und weiter, zu den herrlichen Schenkeln. Mein Gott, war das ein Anblick!

Der Speer in meiner Hose spannte sich, er war bereit, jede Sekunde loszuschießen!

Wie lange ich dieses gefährliche Spiel wohl noch aushielt? Auch ich hatte meine Grenzen!

Trotzdem verweilte ich bei dem Anblick der schönen Schenkel und malte mir selbstquälerisch aus, wie wohl die Reichtümer sein müßten, die ich nicht entdecken konnte – die ich nicht entdecken durfte!

Schweren Herzens zog ich also den Rock wieder herunter und ließ ihr zunächst Zeit, sich zu beruhigen, denn sie schluchzte herzzerreißend hinter ihren vorgehaltenen Händen.

Mir selbst tat die Pause außerdem ebenso gut, denn nur mit Müh und Not konnte ich den Wirbelsturm in mir besänftigen.

Endlich ließ sie die Hände vom Gesicht sinken. Von Stolz und Hochmut war keine Spur mehr zu erblicken. Angst und Entsetzen stand in ihren Augen.

„Was werden Sie jetzt tun?“ fragte sie kleinlaut.

„Ich sagte Ihnen ja schon, gnädige Frau, daß ich mit der größten Schonung vorgehen will. Natürlich muß ich in der Direktion melden, daß unser Verdacht sich bestätigt hat. Doch erschrecken Sie nicht, man wird Sie nicht gleich mit dem grünen Wagen abholen!

Wenn Sie mir jetzt einige Fragen wahrheitsgetreu beantworten, will ich sehen, wie man der peinlichen Affäre die für Sie günstigste Wendung geben kann.

Ich muß sie aber nochmals warnen: Antworten Sie mir auf alle meine Fragen wahrheitsgetreu; versuchen Sie nicht, mich hinter das Licht zu führen, denn sonst wäre ich gezwungen, mit aller Härte und ohne Rücksicht auf Sie und Ihren Gatten gegen Sie vorzugehen!

Wo sind die anderen Gegenstände, die Sie gestohlen haben?"

„Ich – ich habe sie verkauft."

„Verkauft? An wen? An einen gewerbsmäßigen Hehler?"

Für einen Moment flog wieder der alte Hochmut über ihr Gesicht, und ihre Antwort kam ziemlich stolz von oben herab:

„Solche Leute kenne ich nicht."

„Bitte, wie Sie wollen! Ich frage Sie ein letztes Mal: Wohin sind die Sachen gekommen?"

„Ich – ich kann es nicht sagen – ich kann nicht! Bitte verstehen Sie – ich kann es einfach nicht sagen!"

Schluchzend hielt sie sich die Hände vor das Gesicht. Ach, wie schwer wurde mir doch manchmal mein Beruf gemacht. Statt dieses hilflose Weib in die Arme zu nehmen, ihren herrlichen Leib mit Küssen zu bedecken, ihr tröstende Worte ins Ohr zu flüstern, und sie dann in meine Arme zu reißen und mich tief, tief in sie hineinzubohren – mußte ich überlegen bleiben, durfte ich vorerst in ihr nur die Verbrecherin erblicken, die ich zu überführen hatte.

Es mußte ein besonderes Geheimnis sein, das diese stolze vornehme Frau zur Diebin werden ließ. Schwer würde es sein, ihr dieses Geheimnis zu entlocken. Mein Gefühl sagte mir, daß ich hier mit Brutalität und Strenge absolut nichts erreichen würde. Voll Teilnahme trat ich auf sie zu und ergriff ihre Hand.

„Wenn Sie mir Ihr Vertrauen schenken wollen, gnädige Frau", sagte ich, „kann ich Ihnen vielleicht helfen. Ich sehe ja, daß sie unter einem fürchterlichen Zwang stehen, der

Sie zu diesem verzweifelten Schritt getrieben hat. Sollten Sie vielleicht in der Hand eines Erpressers sein?“

Ich sah, wie Ablehnung, Trotz und doch wieder die Hoffnung auf Hilfe in ihr stritten. Ich wollte ihr Zeit lassen, diesen Kampf mit sich selbst zu entscheiden. Endlich gestand sie mir dann alles.

Sie befand sich in einer fürchterlichen, ja beinahe aussichtslosen Situation. Als junges Mädchen hatte sie sich, ihrem sinnlichen Temperament folgend, einem Dragoneroffizier hingegeben, der, wie alle diese gewissenlosen Verführer, sie dann im Stich gelassen hatte.

Volle sechs Jahre – jetzt war sie vierundzwanzig – hatte sie nichts mehr von ihm gehört. Nun war er vor kurzem plötzlich unter einem anderen Namen wieder vor ihr erschienen und hatte sie auf die unverschämteste Art erpreßt.

Kalt und zynisch entwarf er vor der verängstigten jungen Frau das Bild ihrer gesellschaftlichen Vernichtung. Er würde zu ihrem Gatten gehen und ihm ihre früheren Verfehlungen haargenau erzählen. Er konnte dabei nichts verlieren, höchstens gewinnen. Denn er war davon überzeugt, daß auch ihr Gatte ihm ein Schweigegeld zahlen würde, um der Schande zu entgehen. Sollte dieses aber nicht der Fall sein, dann würde er es verstehen, auch so die Sache publik zu machen.

Der jungen Frau, die um ihre Ehre und Ehe bangte, blieb nun nichts anderes übrig, als dem gemeinen Erpresser nach und nach ihre ganzen Barmittel zu geben. Sie hoffte, daß er damit zufrieden wäre und ihr endlich ihre Ruhe ließ. Doch darin hatte sie sich weit getäuscht. Als der Erpresser merkte, daß die Barmittel aufgebraucht waren, drohte er wieder, zu ihrem Gatten zu gehen. So kam sie in ihrer Verzweiflung auf den schrecklichen Gedanken, stehlen zu gehen, um diesen Menschen zu besänftigen.

In ihrer maßlosen Angst und Not kam ihr niemals der Gedanke, daß sie dieses Leben nicht ewig ungestraft weiterführen könne. Sie gab ihm alles, und er verkaufte die gestohlenen Gegenstände weiter. Sie selbst sah und wollte auch von dem Sündengeld keinen Heller sehen.

Nach dieser Beichte saß sie in sich zusammengesunken da, sah zu mir verängstigt auf wie ein waidwundes Wild, das auf den Todesstoß wartete.

Alles Verlangen, alle geilen Gedanken, die mich vor kurzem noch gequält hatten, waren verflogen. Ich war über soviel Gemeinheit so empört, daß ich nur noch den einen Gedanken hatte, diesen Schurken auf der Stelle zu fangen.

Ich ließ mir den Namen und die Adresse des Kerls geben und suchte ihn noch am selben Abend auf.

Er war ein hartgesottener Sünder, aber er mußte mancherlei auf dem Kerbholz haben, denn als ich ihm mit der Verhaftung drohte, gab er klein bei.

Endlich hatte ich ihn soweit, daß er mir sämtliche belastenden Briefe, mit denen er seine Erpressung unterstützt hatte, aushändigte und sich außerdem schriftlich verpflichtete, sofort aus Wien zu verschwinden und die junge Frau nie mehr zu belästigen.

Mit Ungeduld erwartete ich den nächsten Morgen und ließ mich – so früh es der Anstand zuließ – bei ihr melden.

Sie empfing mich in ihrem Boudoir und brach in helle Freudentränen aus, als ich ihr die Briefe und die Erklärung des Halunken in die Hand legte.

„Wie soll ich Ihnen das je danken?“ rief sie ein über das andere Mal. „Sie geben mir das Leben wieder!“

In ihrer übergroßen Freude sah sie noch viel entzückender aus als in ihrem Stolz. Das weißseidene, enganliegende Hauskleid ließ ihre schwellenden Formen deutlich erraten, und als sie sich zu mir herbeugte, konnte ich mich an dem Anblick ihrer wundervollen Brüste erquicken.

Schüchternheit war noch nie mein Fehler gewesen – und schon gar nicht begehrenswerten Frauen gegenüber!

Warum sollte ich also hier die Frucht, die sich mir doch so verlockend darbot, nicht pflücken?

Mein zweites Ich regte sich bereits wieder gebieterisch in meiner Hose, das Blut wallte, und heiße Begierde sprühte aus meinen Augen. So gut es mir möglich war, beherrschte ich mich und sagte nur ganz ruhig:

„Gnädige Frau, ich habe nur meine Pflicht getan. Eine Belohnung habe ich nicht zu verlangen! Sie sind jetzt alle Sorgen ein für allemal los. Daß Ihr Geheimnis bei mir und meiner Behörde begraben ist, brauche ich Ihnen nicht erst ausdrücklich zu versichern.

Wenn Sie mir aber beweisen wollen, daß Sie mit meiner Tätigkeit zufrieden sind, wäre ich so kühn, eine ganz kleine Bitte auszusprechen."

Entzückend anzusehen, wie sie jetzt errötete, denn so gemessen meine Worte auch klangen, meine Augen redeten sicher eine nicht mißzuverstehende Sprache.

„Was für eine Bitte?" flüsterte sie.

„Gnädige Frau, Sie werden mir vielleicht zürnen, aber ich bitte Sie, zu bedenken, daß man nicht ungestraft eine so wunderschöne Frau, wie Sie es sind, untersucht. Haben Sie Mitleid mit mir – lassen Sie mich einen Kuß auf jene Stelle drücken, an der ich das gewisse Strumpfband fand!"

„Aber ich habe ja keine Ringe mehr dort", sagte sie lächelnd und versuchte, sich mir zu entziehen.

Es war das charmante Versteckspiel einer Frau, die sich ihrer unwiderstehlichen Reize bewußt ist, die in ihrem innersten Herzen ebenfalls glüht und zu dem Kommenden „ja“ sagt – und die sich doch noch, um die Form zu wahren, wehrt.

Ich kannte mich zu gut bei den Frauen aus, um dieses Spiel nicht zu durchschauen. Und doch immer und immer wieder fasziniert uns dieses Spiel – macht uns eine unheimliche Freude und läßt es uns willig mitspielen.

Eine Weile hielt ich sie nur fest und sah ihr tief in die Augen. Als ihre Verwirrung immer größer wurde, hob ich ihr schnell die Röcke auf und zur Vorsicht gleich bis weit über die Knie!

„Nicht so hoch!“ rief sie, „das Strumpfband war ja viel tiefer!“

„Nein, meine Teuerste, es war ganz bestimmt höher, viel, viel höher!“

So rangen wir im Scherz miteinander. Ihr Widerstand war, wie gesagt, nie ernstlich gewesen, es war der Widerstand der raffinierten Frau, die ihren Galan noch mehr aufreizen will, was bei mir allerdings nicht mehr nötig war!

Der Anblick der sich mir jetzt bietenden Schätze heizte mir noch mehr ein, außerdem war ich der Ansicht, daß ich mich schon zur Genüge selbst kasteit hatte. So ging ich entschlossen gleich auf das Ganze!

Langsam, ganz langsam und genießerisch, jede Sekunde der Verzögerung, der anwachsenden Spannung voll auskostend, den kaum noch zu ertragenden Reiz wenn möglich noch zu steigern, öffnete sie mir die üppigen Schenkel.

Jauchzend stürzte ich mich auf sie und nahm von dem duftenden, kühlen und frischen Paradies Besitz!

Jetzt konnte auch sie ihre Leidenschaft nicht mehr zurückhalten und begann leicht mit dem herrlich runden Popo zu tanzen.

Mit meiner freien Hand öffnete ich das Kleid und streichelte liebkosend über ihre herrlichen Brüste. Meine Lippen küßten die kleinen Knospen und saugten sich schließlich daran fest.

Ihr ganzer Körper bebte, und zitternd glitten ihre Hände über meinen Körper, bis sie auf meiner Hose liegen blieben.

Da brach ihr ganzes Temperament durch. Gierig zerrten die Hände an den Knöpfen, und im Nu war der hier eingesperrte Tobsüchtige befreit. Wie ein Pfeil schoß er heraus und streckte ihr sein Haupt entgegen!

Es gab für uns kein Halten mehr. Ich hob sie hoch und trug sie zur Couch. Nach kurzem Umherirren hatte ich den richtigen Anschluß gefunden. Mit den Händen umklammerte ich die runden, steinharten Hemisphären ihres Popos und ritt nun in einem Tempo los, das ihr augenscheinlich mehr als genehm war.

Hei, wie sie unter mir arbeitete! Die Beine auf meinem Rücken verschränkt, damit sie mich tiefer, noch tiefer in sich drücken konnte, die Zunge in meinem Mund gab sie mir gewissenhaft Stoß um Stoß zurück!

Sie hatte eine Art, sich unter mir zu schrauben und zu winden, daß ich oft glaubte, mein Mannesstolz bräche mir mitten auseinander.

Ich hatte sie also doch auf den ersten Blick hin richtig eingeschätzt. Sie war eine Künstlerin in ihrem Fach!

Wir lagen danach ganz still nebeneinander und genossen noch einmal dieses herrliche Erlebnis.

„Sind Sie nun belohnt?“ fragte sie, als wir uns von der Stätte unserer Wonne endlich erhoben.

Statt aller Antwort wollte ich gleich dem ersten Ritt in die Seligkeit einen zweiten folgen lassen, doch sie schob mich sanft von sich weg.

„Ich kann jetzt nicht mehr“, sagte sie. „Wir können jeden Augenblick überrascht werden. Aber heute nachmittag um fünf Uhr komme ich in Ihr – Privatbüro!“

Damit mußte ich mich wohl oder übel zufriedengeben. Außerdem mußte ich zugeben, daß die Situation nicht gerade ungefährlich sein konnte. So drückte ich noch einen heißen Kuß auf den schönen Busen und ging.

Als ich ins Vorzimmer trat, begegnete ich einem sehr eleganten jungen Mann, dem ich an der Ungeniertheit, mit der er sich benahm, sofort anmerkte, daß er der Hausfreund sein mußte. Hochmütig sah er mich von oben bis unten an, als ich grußlos an ihm vorbeiging.

Unendlich langsam verging mir die Zeit bis zum vereinbarten Zeitpunkt. Ich kam mir wie ein verliebter Primaner vor, der zum ersten Rendezvous geht. Wie ein Tiger im Käfig rannte ich in meiner Wohnung hin und her, stellte einen Gegenstand an einen anderen Platz, ordnete die Blumen in der Vase neu, schaute in den Eisschrank, ob auch alles da war – kurz, ich war ziemlich aus dem Häuschen.

Pünktlich wie eine Uhr kam sie am Nachmittag um fünf Uhr. Sie war dezent und unauffällig gekleidet und hatte ein ganz kleines verschämtes Lächeln um die Lippen, das sie mir noch viel begehrenswerter machte.

Ich nahm sie schnell bei der Hand, zog sie herein und versperrte die Tür. Wie sie nun die sichere Abgeschlossenheit fühlte, war es auch um sie geschehen.

Wir hielten uns nicht lange bei der Vorrede auf, sondern stürzten uns gleich kopfüber in das Meer der Wollust!

Auf meine Bitte zog sie sich splitternackt aus und ließ sich nach Gebühr von mir bewundern.

Sie war wirklich eine beauté du diable! Alles an ihr war rund, schwellend und fest. Die Brüste, der Leib, die Schenkel, der Popo – ich wußte nicht, wo ich zuerst hinsehen und hingreifen sollte!

Ach, und dieses herrliche Vlies, das sich wie weicher schwarzer Pelz anfühlte und sich in seinen letzten Ausläufern bis an den Nabel hinaufzog.

Wie eine Purpurrose aus dem Dunkel der Blätter leuchtete mir das Tal der Liebe entgegen, als ich sie auf das Bett niederdrückte und die weißen Schenkel zur näheren Besichtigung weit auseinanderspreizte.

Doch lange konnte ich mich mit dem Betrachten nicht begnügen – wie zwei Verdurstende stürzten wir in einen rasenden Taumel der Lust.

Viele Frauen hatte ich schon geliebt, und immer hatte ich gedacht, daß nun die Lust nicht mehr gesteigert werden könnte, doch dieses herrliche Weib bewies mir, daß ich noch viel, noch unendlich viel lernen konnte. Wer hatte ihr diese unerhört raffinierte Kunst der Liebe beigebracht? War es ihr von der Natur mitgegeben? Konnte ein Weib so viel Urinstinkt besitzen?

Als wir schließlich ermattet nebeneinander lagen, konnte ich es mir doch nicht verkneifen, sie zu fragen, wer der Geck gewesen war, den ich am Vormittag in ihrem Zimmer getroffen hatte.

Sie war gerade dabei, meine Liebesmaschine wieder in Gang zu bringen, indem sie sie liebevoll mit ihren feinen, zarten Händen massierte. Es übte einen wahnsinnigen Reiz auf mich aus und ließ mich stöhnen.

Sie tat, als ob sie meine Frage gar nicht gehört hätte und

fuhr ungestört in ihrer fruchtbringenden Beschäftigung fort. Doch dann fragte sie lachend:

„Du bist wohl schon jetzt eifersüchtig?"

„Ja! Ich bin eifersüchtig! Ich bin sogar rasend eifersüchtig auf diesen dummen Geck! Sag es mir lieber gleich jetzt, daß er dein Hausfreund ist!"

Lächelnd betrachtete meine Schöne ihr Werk – rückte sich zurecht, und während sie den Pflug in die passende Furche leitete, flüsterte sie:

„Er war es, aber heute gab ich ihm den Laufpaß!"

Der malayische Kris

Man glaubt gar nicht, wie oft bei den Frauen als tiefstes Motiv für ein Verbrechen die Liebe zu suchen ist.

Um dem geliebten Mann zu helfen, oder aber auch, um sich für die verschmähte und gekränkte Liebe zu rächen, folgen sie blind den Eingebungen ihres Herzens und lassen sich zu Schritten hinreißen, die sie unweigerlich mit dem kalten, leidenschaftslosen Gesetz in Konflikt bringen müssen.

Der Fall der schönen L., die, um sich den früheren Geliebten vom Halse zu schaffen, zur Diebin wurde, steht nicht vereinzelt da. Ja, ich habe es sogar einmal erlebt, daß eine Frau einen kaltblütigen Mord beging, um den treulosen Geliebten zu bestrafen.

Ich war inzwischen, hauptsächlich durch die Bemühungen meiner Freundin, der Gräfin, und meiner Geliebten, der Frau L., in der guten und besten Wiener Gesellschaft heimisch geworden.

Die Beziehungen, die ich hier anknüpfte, waren mir für meine Tätigkeit sehr dienlich. Ich konnte sie um so besser ausnützen, als nur die allerwenigsten wußten, welcher Art meine Tätigkeit war. In der Gesellschaft galt ich allgemein als ein wohlhabender junger Mann, der von seinen Renten lebt.

So wurde ich unter anderem auch in das Haus des Barons E. eingeführt. Er war ein reicher Privatgelehrter, der sich auf dem Gebiet der Assyriologie große Verdienste erworben hatte.

Über seinen wissenschaftlichen Arbeiten schien er jedoch seine Frau arg vernachlässigt zu haben. Ich hatte jedoch den Eindruck, daß die Baronin nicht zu jenen Frauen gehörte, die sich ungestraft vernachlässigen lassen.

Als ich sie kennenlernte, war sie eine vollaufgeblühte

Frau von 35 Jahren. Für meinen Geschmack war sie allerdings ein wenig zu üppig, denn ihre Formen, so graziös und harmonisch sie auch waren, zeigten doch schon mehr Fülle als Festigkeit.

Unleugbar jedoch war sie eine ungemein anziehende, pikante Erscheinung, die mit ihrem dunkelroten Haar und ihrer üppigen Gestalt überall, wo sie erschien, Aufsehen erregte.

Ihr Herzenströster war ein junger Schriftsteller, der zumindest um zehn Jahre jünger war als sie und den sie mit der ganzen dämonischen Leidenschaft der an der Altersgrenze stehenden Frau liebte.

Mich beehrte sie mit der reinen Freundschaft, die jedoch nie die Innigkeit meines Verhältnisses zu Valerie erreichte.

Eines Tages ließ es sich jedoch nicht verhindern, daß ich mit ihr in aller Offenheit über die Art meiner Tätigkeit sprach, da ich in einer sehr delikaten Angelegenheit eine Auskunft von ihr brauchte.

Es war ein kalter Winternachmittag, und ich wollte mich, meiner Gewohnheit gemäß, gerade zu einem kleinen Mittagsschläfchen niederlegen, als mein Telefon läutete. Mißmutig über die Störung nahm ich den Hörer ab und meldete mich.

Ich wurde blitzartig hellwach! Die Baronin bat mich in höchster Aufregung, doch sofort nach Währing in eine bestimmte Villa zu kommen. Auf meine besorgte Frage, was denn los wäre, antwortete sie mir nur, das könne sie mir telefonisch nicht sagen, ich möchte nur so schnell wie irgend möglich kommen.

In fliegender Eile zog ich mich an. Ich hatte ein ungutes Gefühl und eine dunkle Ahnung, daß eine nicht gerade erfreuliche Sache auf mich warten würde.

Eine Viertelstunde später stand ich vor der Villa. Es war ein altes Häuschen – Villa war hierfür ein zu anmaßender Ausdruck – mit einem Stockwerk, lauschig und wenig einsichtbar in einem großen Garten versteckt.

Wie mich die Baronin angewiesen, ging ich um die Villa herum, um sie durch den rückwärtigen Eingang zu betreten.

Das Haus machte einen absolut unbewohnten Eindruck. Ich hatte das Gefühl, als ob die Luft stillstehe, als ob der Tod umginge. Dazu kam das merkwürdig aufgeregte Gebaren der Baronin, aus dem nicht zu entnehmen war, ob sie selbst in Gefahr war oder was es mit diesem Haus sonst für eine Bewandtnis hatte.

Zur Vorsicht entsicherte ich meinen Revolver und ging leise die Treppe zum ersten Stock hinauf. Ich überlegte noch, ob ich die erste Tür vorsichtig öffnen sollte, entschloß mich dann aber doch, zuerst einmal anzuklopfen.

Wie erstaunt war ich, als mir die Baronin selbst öffnete. Sie war im Straßenkostüm. Vergeblich versuchte sie, die fürchterliche Aufregung, in der sie sich befand, zu verbergen.

Rasch schloß sie die Tür hinter mir zu und zog mich, ohne ein Wort zu sprechen, in ein elegant, beinahe zu elegant eingerichtetes Arbeitszimmer.

„Herr von Rhems", sagte sie leise, „ich danke Ihnen, daß Sie so schnell gekommen sind. Es ist etwas Fürchterliches passiert! Mein Freund – Mein Gott, warum soll ich jetzt in dieser Situation vor Ihnen ein Geheimnis daraus machen – ja, ich habe einen Freund – und – und – er ist ermordet worden! Als ich vorhin hereinkam – fand ich ihn tot in seinem Bett!"

Sie konnte nicht mehr weitersprechen. Die Aufregung –

vielleicht auch das Grauen – schüttelte sie. Stumm deutete sie auf die Tür zum anstoßenden Zimmer.

Es war ein hübsch möbliertes Schlafzimmer, mit Teppichen und Polstern üppig ausgestattet.

In dem großen Himmelbett, das an der rückwärtigen Wand stand, lag ein junger, hübscher Mann – eben jener besagte Schriftsteller – er war tot!

Vorsichtig zog ich die Bettdecke zurück und sah, daß er ganz nackt war.

Der Mörder hatte ihn augenscheinlich im Bett schlafend überrascht und so rasch den meuchlerischen Stoß geführt, daß der arme Junge sich vielleicht gar nicht einmal hatte zur Wehr setzen können.

Weder das Zimmer, noch das blutüberströmte Bett oder die nächste Umgebung deuteten darauf hin, daß hier ein Kampf stattgefunden hatte. Es herrschte eine peinliche Ordnung, man hatte den Eindruck, daß in diesem Haus Ruhe und Friede herrsche.

Wer war der Mörder? Wo kam er her? Was war sein Motiv für diese niederträchtige Tat?

Wo sollte ich den Hebel ansetzen, um diese Rätsel zu lösen? Kannte die Baronin das Geheimnis der letzten Stunden?

Ich wollte mir zuerst einmal genau den Toten ansehen, vielleicht brachte mich das auf eine Spur.

Die Wunde war klein und dreieckig. Als ich sie genauer untersuchte, merkte ich, daß sie eine eigentümliche Krümmung aufwies. Es mußte also eine gebogene Waffe gewesen sein, mit der der Todesstoß geführt worden war.

Im Geist ließ ich alle Sorten von Messern und Dolchen Revue passieren, die für diese sonderbare Wunde in Betracht kommen konnten.

Wie durch eine magische Macht gelenkt, ging ich die reichhaltige Waffensammlung des Barons durch. Nach langem Überlegen schien mir nur eine Dolchart solche Wunden hervorbringen zu können – der Kris, wie ihn die malayischen Völker führen!

Während ich so in meine Gedanken versunken vor dem Toten stand, machte ich plötzlich eine Entdeckung, die mich ein gutes Stück weiterbringen sollte.

Das Glied des Toten befand sich im Zustand der Erektion. Als ich genauer hinsah, fand ich, daß auf der Spitze der Eichel noch einige Samentröpfchen klebten.

Der arme Teufel war also im Moment des höchsten Genusses ermordet worden. Aller Wahrscheinlichkeit nach dürften höchstens ein bis zwei Stunden vergangen sein. Der Körper des Toten war außerdem noch warm.

Kaltes Entsetzen griff nach mir. Ich wußte nun viel, und wenn mich meine schreckliche Ahnung nicht betrog, wußte ich alles!

Als ich mich aufrichtete, fiel mein Blick auf die Baronin, die in der Tür stand und mich mit angstvollen Blicken ansah.

Ihr Gesicht war zu einer Maske erstarrt. Unbeweglich stand sie da und hielt nur ihren riesengroßen Persianermuff an sich gepreßt.

„Frau Baronin“, sagte ich, indem ich sie aus dem Zimmer weg in das anschließende Arbeitszimmer führte, „Sie müssen mir jetzt einige Fragen beantworten. Ich muß Sie eindringlich bitten, mir gegenüber absolut ehrlich zu sein! Warum riefen Sie gerade mich?“

„Weil ich Sie kenne – und zu Ihnen Vertrauen habe. Sagen Sie mir um Gottes willen, was soll ich tun? Ich kann doch den Mord nicht anzeigen, sonst bin ich ja kompromittiert!“

„Das stimmt. Ich hoffe, daß wir einen Ausweg aus dieser für Sie so peinlichen Situation finden werden.

Das wichtigste ist, daß wir den Mörder finden!

Sie standen dem Unglücklichen ja sehr nahe. Wüßten Sie vielleicht jemanden, der ihn so haßte, daß er vor einem Meuchelmord nicht zurückschreckte? Nur blinder Haß kann die Ursache sein, denn der Mord ist nicht aus gewinnsüchtiger Absicht geschehen!“

Einen Moment zauderte sie. Ihre Augen nahmen einen gehässigen Ausdruck an, aber sie hatte sich bewunderungswürdig in der Gewalt und zerfloß gleich darauf wieder in Tränen.

„Nein, ich weiß niemanden; ich kann mir nicht vorstellen, wer ihn so gehaßt haben soll. Soviel ich weiß, stand Egon ganz allein in der Welt und hatte keinen Menschen, der sich um ihn kümmerte, außer mir. Ich kann es einfach nicht fassen – ich stehe vor einem Rätsel!“

„Wann haben Sie die Wohnung betreten, Frau Baronin?“

„Ich glaube, um vier Uhr. Ich kam immer um die gleiche Zeit. Ahnungslos öffnete ich die Tür. Als ich dann das Schreckliche entdeckte, fiel ich in Ohnmacht. Ich habe noch nie einen Toten gesehen – schon gar nicht einen Ermordeten – es war zu entsetzlich. Als ich dann aus meiner Ohnmacht erwachte, war mein erster Gedanke, Sie, Herr von Rhems, anzurufen und um Ihre Hilfe zu bitten.“

„War die Wohnungstür verschlossen, als Sie kamen?“

„Ja.“

„Wer wohnt im Parterre der Villa?“

„Eine alleinstehende alte Dame, die seit einem Monat in Mentone weilt.“

„Sie wissen nicht viel, Frau Baronin. Ich kann Ihnen

wenig Hoffnung machen, daß ich Ihnen in dieser für Sie so sehr peinlichen Angelegenheit wirklich helfen kann."

„Woher soll ich mehr wissen? Ich liebte ihn, er war mein ein und alles! Rächen Sie ihn, Herr von Rhems, rächen Sie ihn!" rief sie leidenschaftlich aus.

Bei diesen Worten fiel sie theatralisch vor mir auf die Knie. Krampfhaft hielt sie nach wie vor ihren großen Muff an sich gepreßt. Nie ließ sie ihn aus der Hand. Warum tat sie das? Es wäre doch naheliegend gewesen, ihn abzulegen.

Ich liebe keine theatralischen Szenen, sie mahnen mich außerdem immer zur Vorsicht. – So hob ich die Baronin ruhig auf und führte sie zu einem Sessel. Ich blieb der verbindliche Freund, wie sie es von mir gewohnt war.

„Ich werde alles tun, was in meiner Macht steht, davon dürfen Sie überzeugt sein, Frau Baronin. Wenn ich Ihnen jetzt einen freundschaftlichen Rat geben darf, dann lassen Sie sich jetzt eine Stunde spazierenfahren, damit Sie sich wieder etwas beruhigen können. Kehren Sie dann nach Hause zurück und überlassen alles Weitere getrost mir."

„Und die Meldung an die Polizei?"

„Die werde ich schon erstatten."

Ich nahm sie am Arm, sperrte die Wohnung ab und ging mit ihr hinunter. Unten stand mein Fiaker. Ich setzte sie hinein und sagte dem Kutscher, er möchte die gnädige Frau eine Stunde lang im Prater spazierenfahren, da sie sich nicht ganz wohl fühle.

Für mich stand fest, daß mein Plan nur gelingen konnte, wenn ich früher als sie in ihrer Wohnung war. Aus diesem Grund mußte ich sie mindestens eine Stunde von dort fernhalten.

Als sie außer Sichtweite war, eilte ich in meine Wohnung. Dort nahm ich einen Bund Dietriche und begab mich schnurstracks in die Reichsrathstraße, wo die Baronin wohnte.

Wie ich wußte, war der Baron verreist, also waren von seiner Seite aus keine Schwierigkeiten zu erwarten. Aufpassen mußte ich nur, daß ich keinem der Dienstboten in die Hände lief. Ich hatte jedoch Glück und konnte unbemerkt in die Wohnung kommen, wo ich mich sofort in das Arbeitszimmer des Barons schlich, um dort zunächst einmal seine reichhaltige Waffensammlung zu besichtigen.

Meine Ahnung hatte mich also nicht getrogen! Ein hübscher malayischer Kris, auf den der Besitzer besonders stolz war, fehlte.

Ich wußte, wo sich die Mordwaffe befand – im Muff der Baronin!

Jetzt interessierte mich nur noch die Frage, warum sie diese furchtbare Tat begangen hatte.

Mit meinem bisherigen Untersuchungsergebnis zufrieden, versteckte ich mich hinter der Couch, um den Moment abzuwarten, da die Baronin in das Zimmer kam, um die Waffe wieder an ihren Platz zu hängen.

Meine Geduld wurde auf eine harte Probe gestellt. Nach der erwarteten Zeit hörte ich sie nach Hause kommen, mit dem Diener und dem Stubenmädchen sprechen – aber das Zimmer betrat sie nicht. Anscheinend wollte sie warten, bis das Hauspersonal zu Bett gegangen war.

Meine Kombination erwies sich auch hierin als richtig. So gegen elf Uhr hörte ich, wie die Tür vorsichtig geöffnet wurde und jemand sich lautlos ins Zimmer schob. Es war die Baronin.

Der Anblick war beinahe gespenstisch. Sie war nur mit dem Nachthemd bekleidet und trug in der einen Hand eine Kerze. In der anderen Hand hielt sie den malayischen Kris, mit dem sie vor wenigen Stunden ihren Geliebten getötet hatte!

Einen Moment lang zauderte ich. Man kennt ja meine Schwäche. Wenigstens für einen kurzen Moment wollte ich mich an der üppigen Schönheit der Verbrecherin weiden.

Sie erschien wie nackt, denn das hauchdünne Hemd ließ ihre üppigen Formen ungehindert durchscheinen. Brüste hatte sie, voll und schwer wie Sandsäcke! Die Hüften und Schenkel wie von Rubens gemalt, der ja so sehr die üppigen Weiber liebte.

Augenblicklich richtete sich ein gewisser Jemand verlangend in meiner Hose empor! Daß dieser Kerl doch nie Ruhe geben konnte! Selbst beim Anblick einer Verbrecherin ließ er nicht bedauernd das Haupt hängen, sondern richtete sich herausfordernd auf! Oder sollte ihn diese diabolische Verbindung von Schönheit und Verworfenheit so aufregen?

Doch die Sache war wirklich viel zu ernst. Eine Mörderin konnte ich nicht – und wenn ich sie noch so gern geliebt hätte – entwischen lassen!

Lautlos schlich ich hinter meinem Versteck hervor. In dem Augenblick, als sie den Kris wieder an seinen Platz hängen wollte, sprang ich auf sie zu und packte sie am Arm. Gleichzeitig preßte ich ihr den Mund zu, um sie am Schreien zu hindern.

Wie vom Blitz getroffen, brach sie in meinen Armen zusammen. Die Kerze fiel auf den Boden und erlosch. Als vorsichtiger Mann hatte ich mich aber vorher in dem Zimmer genauestens umgesehen und wußte so, wo der Lichtschalter angebracht war. Ein Satz – ein Griff – und helles Licht flutete durch den Raum.

Weiß wie eine Leiche stand die Baronin unbeweglich da.

Das Hemd war ihr über die linke Schulter geglitten, und ihre volle Brust wogte vor meinen Augen auf und ab. In ihrem Entsetzen dachte sie gar nicht daran, ihre Blöße zu bedecken.

„Warum haben Sie Ihren Geliebten ermordet?“ fragte ich sie. Mein Ton war weich, nicht hart, denn ich empfand tiefes Mitleid mit der Unseligen.

„Weil er mich mit einer Dirne betrogen hat“, stieß sie wütend hervor.

„Ich dachte es mir.“

„Ich habe ihn aus dem Elend gezogen, habe ihn gekleidet, habe ihn in die hübsche Wohnung gesetzt, habe ihn erhalten – ich – alles – ich – und zum Dank dafür hat er mich mit so einer – betrogen!“

Es war ein Aufschrei einer gequälten, verletzten Frauenseele.

Sie sank in sich zusammen und starrte verzweifelt auf den Boden.

„Warum sind Sie auf die Idee verfallen, gerade mich zu rufen?“

Wie aus weiter Ferne kam ihr Blick. Was mochte sie im Geist nochmals geschaut haben? Ihren Geliebten, wie er mit ihr in höchster Lust vereint war? Wie sie ihm in seiner seligen Ermattung den Dolch in die Brust stieß? Sie wird dieses grauenhafte Bild bis an das Ende ihrer Tage vor sich sehen müssen. Ich glaube, daß dies die schlimmste Strafe für den Täter ist.

„Als ich es vollbracht hatte, packte mich die Angst. Die ganz gemeine Angst, daß man mich entdecken und verhaften würde. Deshalb rief ich Sie. Ich hoffte, Sie täuschen zu können – und dann zu meinem Schutz zu bewegen.“

„Das tut mir leid um Sie, gnädige Frau. Sie konnten mich

nicht täuschen. Soll ich Ihnen jetzt sagen, wie Sie die Tat vollbracht haben?“ Trotz ihrer flehenden Handbewegung fuhr ich ungerührt fort:

„Sie haben sich zuerst dem Unglücklichen hingegeben und dann, in dem Moment, da er durch den Erguß wehrlos war, stießen Sie ihm den Dolch in die Brust! War es so?“

„Ja“, hauchte sie, „genauso war es. Doch – was werden Sie jetzt tun?“

„So schwer es mir fällt – meine Pflicht!“

„Mich verhaften?“

Mit einem jähen Aufschrei warf sie sich mir zu Füßen. Diesmal war es keine Komödie, diesmal war es echte Verzweiflung, Ausweglosigkeit, Not.

Das Hemd war ihr vollständig herabgeglitten, völlig nackt umklammerte sie meine Knie. Betäubend stieg der Duft ihres Körpers in mein Gesicht.

Mit typisch weiblichem Instinkt – der ja gerade in der eigenen Not hellwach ist – erkannte sie mit einem Blick die einzige Möglichkeit zur Rettung, die sich ihr noch bot.

Verzweifelt drängte sie sich zwischen meine Beine und preßte ihre Brüste gegen jene Stelle meiner Hose, in der sie Meister Priap sein Haupt in die Höhe recken sah.

Mir wurde heiß und kalt, und verzweifelt tasteten meine Hände nach den geilen Hügeln, die an mir auf- und niederwogten.

„Retten Sie mich! Bitte – retten Sie mich!“ stöhnte sie. „Soll ich denn sterben müssen, weil ich so einen undankbaren Schurken bestraft habe? Ich will nicht sterben – ich will nicht sterben! Mein Gott, ich bin noch so jung, ich will mein Leben genießen! Sehen Sie, ich bin schön – ich verstehe zu lieben – kommen Sie – hier gleich – lieben Sie mich – aber zeigen Sie mich nicht an!“

„Ich kann nichts weiter tun, als den Dingen ihren Lauf lassen, Frau Baronin. Ich bin von Ihnen ja als Freund – und nicht als Detektiv gerufen worden, aber was soll ich tun, wenn mir der Fall nach seiner offiziellen Entdeckung von Amts wegen übertragen wird?"

Sie hatte sich ganz an mir heraufgezogen. Ihr Leib rieb sich sinnbetörend an meinem. Mit ihren Schenkeln umklammerte sie meine Beine, und ihr dunkles mächtiges Vlies wetzte auf meinem Monsieur auf und ab, der in seiner gierigen Härte schier die Hose zerriß.

„Sie werden es schon vermeiden können – wenn Sie wollen", flüsterte sie, und ihr heißer begieriger Atem versengte mir fast das Gesicht.

Sie hob nun einen Tanz an, wie ich noch keinen erlebt hatte! Ihre Haare lösten sich und fluteten ihr in schönen, dunkelroten Wellen über die Schultern und den Busen, dessen Knospen sie mir abwechselnd in den Mund steckte.

Dieses Weib machte mich rasend, wie noch keine Frau je zuvor. Ich verbiß mich in sie, ich krallte meine Hände in ihren üppigen Hintern.

Wie ein wahnsinnig gewordener Kreisel drehte sie sich auf mir.

Als ich endlich entlud, vermeinte ich, flüssiges Feuer herauszuspritzen.

Mit wenigen Griffen zog – nein, riß – sie mir die Kleider vom Leib. Im Nu war ich so nackt wie sie. Nun machte sie sich daran, meinem erschöpften Priap wieder neues Leben einzuflößen.

Sie führte das Kommando, und da sie raffiniert war, überließ ich mich gern ihren Weisungen.

„Komm", sagte sie, und zog mich an der Hand durch mehrere Räume hindurch in ihr Zimmer hinüber.

Später, als ich ihr zum Abschied noch einmal unter die Röcke griff, sagte sie schelmisch:

„Nun, Herr Detektiv, habe ich Ihnen zuviel versprochen? Jetzt halten aber auch Sie, was Sie mir versprochen haben!“

Das tat ich auch. Am nächsten Tag meldete ich mich krank und fuhr auf vierzehn Tage nach Palma auf Sizilien.

Als ich zurückkam, war es gerade fünf Tage her, daß man den Mord entdeckt hatte.

Den Mörder entdeckte man nie!

Nach weiteren zwei Monaten war das „Rätsel im Cottage“, wie es die Zeitungen nannten, ganz vergessen.

Um mein Gewissen doch etwas zu beruhigen, forschte ich nach meiner Rückkehr in aller Stille nach dem Leben, das der Ermordete geführt hatte. Ich erfuhr dabei so manches, das sie, wenn auch nicht ganz entlastete, so doch entschuldigte.

Es stimmte, der Junge hatte sich regelrecht von ihr aushalten lassen. Die Schriftstellerei war nur ein Firmenschild für seine Faulenzerei gewesen. Das Geld, das sie ihm überreichlich in die Tasche steckte, hatte er in Gesellschaft von Dirnen ärgster Sorte vertan.

Ich fand es begreiflich, daß sich ein so heißblütiges Weib für diese Gemeinheit rächte.

Nach einem halben Jahr starb sie übrigens ganz plötzlich.

Die Baronin und der Gärtner

Viele Wiener, und es brauchen nicht einmal die bewußten ‚ältesten‘ zu sein, werden sich noch an die Baronin Gl. erinnern, die so Anfang der achtziger Jahre durch das Raffinement ihrer Toilette und ihrer prächtigen Viererzüge, die sie selbst lenkte, das Aufsehen sämtlicher Kreise erregte.

Bei den Rennen, auf den Praterfahrten, auch sonst bei allen öffentlichen Anlässen, war sie eine bekannte Erscheinung, die durch ihre weit über den Durchschnitt hinausgehende Schönheit die Augen aller auf sich lenkte.

Noch heute sehe ich sie vor mir, wie sie gleich einer Königin, die meisten um ein gutes Stück überragend, durch die Menge schritt, die ihr in beinahe scheuer Bewunderung Platz machte.

Sie war das, was man ein ‚Kapitalweib‘ nannte. Beinahe sechs Fuß hoch, hatte ihr Körper doch nicht, wie sonst leicht bei großen Frauen, etwas Plumpes, Massives und Ungraziöses, sondern im Gegenteil, durch das klassische Ebenmaß seiner Formen, eine Eleganz und Grazie, die bezauberten.

Büste und Hüften waren voll und rund, aber nicht überquellend und ausladend. Die Taille war bei aller Kraft geschmeidig und zierlich.

Ihr Gesicht zeigte reine, weiche Formen, nichts Herbes und Hartes, geschweige denn einen Stich ins Brutale, wie man es sonst oft bei solchen Frauen sieht. Ihr dunkelblondes Haar umrahmte wie eine feingesponnene Goldkrone ihr Gesicht.

Wie oft, wenn ich dieses Prachtweib in der Freudenau oder auf dem Industriellenball an mir vorüberschreiten sah, dachte ich mir: Herrgott, diese Frau möchte ich einmal lieben!

Wenn mir damals einer gesagt hätte, daß mir dieser Wunsch in Erfüllung gehen würde, hätte ich ihm glatt ins Gesicht gelacht und ihn für verrückt gehalten.

Ich hätte eher geglaubt, daß die Kaiserin von China extra von Peking nach Wien gereist kommt, um die Zauberkünste meines Priaps zu kosten!

Die Baronin galt als ebenso unnahbar wie schön, und ihr Ruf war ebenso fleckenlos wie die vier Schimmel, mit denen sie die Hauptalleen im Prater entlang kutschierte.

Nie hatte ich sie mit einem Herrn sprechen, geschweige denn in der Begleitung eines solchen gesehen. Überall wo sie sich zeigte, erschien sie an der Seite einer schlanken, gleichfalls elegant gekleideten Frau in mittleren Jahren, die augenscheinlich ihre Gesellschaftsdame war.

Für all die bewundernden, begehrenden, brennenden Blicke, die ihr folgten, hatte sie nicht einmal eine Miene der Verachtung – sie waren ihr anscheinend gleichgültig und glitten an ihr ab, wie Kinderpfeile an einer Steinmauer. Man raunte sich sogar in die Ohren, daß sie einen unserer populärsten Erzherzöge, der als großer Damenfreund bekannt war, in ziemlich brüsker Weise habe abblitzen lassen.

Aber nicht nur der Männerwelt gegenüber verhielt sie sich so ablehnend. Sie ließ sich auch keine Dame zu nahe kommen, gleichviel ob diese der höchsten Aristokratie oder der reichsten Plutokratie angehörte. Sie pflegte absolut keinen Verkehr, gleichsam als hätte sie ein Geheimnis zu wahren, dessen Verrat sie durch die Bekanntschaft mit Fremden fürchtete.

In der eleganten, kleinen Villa, die sie sich nach ihrem Erscheinen in Wien hatte erbauen lassen, lebte sie allein und abgeschlossen. Trotzdem fehlte sie bei keinem Ball, bei keiner Premiere, bei keinem Rennen.

Was war natürlicher, als daß bald die abenteuerlichsten Gerüchte über sie im Umlauf waren? Wußte doch kein Mensch, woher sie kam, wer sie war. Ihr Name war auch nur dadurch bekannt geworden, daß ein ganz besonders Wißbegieriger ihren Kutscher danach gefragt hatte.

Die einen behaupteten, sie sei eine brasilianische Prinzessin, die anderen, eine russische Fürstin; die dritten, die zynisch veranlagt waren, meinten, sie sei nur die Geliebte eines russischen Großfürsten.

So stritt man sich in den Kaffeehäusern, in den Salons und den Foyers der Theater über sie herum, und erst nach und nach, als man sich daran gewöhnt hatte, sie auf allen öffentlichen Veranstaltungen zu sehen, legte sich die Aufregung, zumal die Frau nie, und auch nicht durch das kleinste Atom eines Skandals, Anlaß zu üblem Gerede gab.

Das änderte sich schlagartig, als eines Tages die Welt mit Staunen vernahm, daß dieses schöne, anbetungswürdige Weib eine Verbrecherin – und zwar eine unglaublich grausame und raffinierte Verbrecherin – ja, eine Bestie in Menschengestalt, wie es kaum eine brutalere gab, war.

Ohne, daß ich es beabsichtigt hatte, war ich derjenige, der den Schleier des Geheimnisses zerriß.

Für diese Tat brauchte ich mir allerdings keinen Fackelzug zu bringen, denn wie so oft war auch hierbei der Zufall mein bester Helfer. Nur durch eine rein zufällige Begegnung wurde ich bewogen, mich für das Leben und Treiben in der verschlossenen Villa zu interessieren.

In einer Winternacht kam ich ziemlich spät von einer Tarockpartie bei einem Freund durch die stille Gartenstraße, in der die Villa tief versteckt unter alten Ahornbäumen lag.

Es schneite, und bis an die Nasenspitze in meinen Pelz gewickelt, stapfte ich meinen Weg dahin, das ganze mir zu Gebote stehende Fluchlexikon durchgehend, da sich nirgendwo ein Wagen blicken ließ und ich daher die reizende Aussicht vor mir hatte, in dem Hundewetter bis auf die Währinger Straße zu Fuß gehen zu müssen.

Während ich gerade ein meterlanges Gebet murmelte, in dem sämtliche Fiaker und Einspänner Wiens der angelegentlichen Fürsorge des Teufels empfohlen wurden, hörte ich durch die Stille der Nacht, wie etwas vierzig, fünfzig Schritt vor mir ganz vorsichtig und leise eines der Gittertore geöffnet wurde.

In uns Detektiven ist zu jeder Tages- und Nachtzeit der Polizist wach, und instinktiv sprang ich in den schwarzen Schatten eines Baumes, um zu beobachten, was sich da so behutsam auf die Straße schlich. Vielleicht war es ein Dieb oder gar einer, der ein noch größeres Verbrechen auf seinem Konto hatte.

Wer beschreibt aber mein Erstaunen, als ich entdeckte, daß die Gestalt aus dem Garten der Baronin Gl. kam! Als ich noch genauer hinsah, erblickte ich eine zweite Person, augenscheinlich eine Frau, die hinter dem Heraustretenden die Türe abschloß und dann in das Haus zurückeilte.

Ah, meine liebe Gl., bin ich dir endlich auf die Sprünge gekommen, dachte ich! Am Tage spielst du die Unnahbare, und bei Nacht läßt du verstohlen den Liebsten aus dem Hause! Na warte!

So rasch ich konnte – ich mußte mich ja immer im Schatten halten, um nicht gesehen zu werden – eilte ich dem geheimnisvollen Besucher der schönen Gl. nach.

Aber je näher ich kam, desto verwunderter wurde ich. Der Mensch sah nicht wie der Liebhaber einer schönen und eleganten Frau aus! Trotz der bitteren Kälte war er nur dürftig gekleidet und schritt merkwürdig langsam und schleppend dahin, wie einer, der todmüde und matt ist und sich nur mit der letzten Willenskraft auf den Beinen hält. Von Zeit zu Zeit blieb er stehen und hielt sich an dem Gitter der Vorgärten fest, wie wenn er jede Minute umsinken wollte. Dann wankte er wieder weiter, bis er schließlich mit einem leisen Wehlaut zusammenbrach und der Länge nach in den Schnee fiel.

Mit zwei Sprüngen war ich bei ihm und hob ihn auf. Zu Tode erschrocken starrte ich in sein Gesicht! Nein, das war kein glücklicher Liebhaber, der sich mit wankenden Knien aus dem Bett des schönen Weibes schlich.

Der Mensch mochte vielleicht siebzehn, achtzehn Jahre alt sein, sah aber aus wie eine wandelnde Leiche. Sein bartloses Gesicht war käsebleich und zeigte an mehreren Stellen blutunterlaufene Striemen wie von Peitschenhieben. Als ich ihn um die Brust herumfaßte, um ihn hochzurichten, ächzte er auf, wie wenn ihn jede Berührung unendlich schmerzte. Er war bei Bewußtsein, aber so schwach, daß er kein Wort über die blutleeren Lippen bringen konnte.

Was blieb mir übrig? Ich nahm ihn auf meine Arme und trug ihn die menschenleere Straße hinunter, bis ich an die Gymnasiumstraße kam, wo ich endlich einen Wagen erwischte. In diesem brachte ich ihn auf die nächste Rettungswache, wo die Ärzte den armen Teufel durch Cognac und schwarzen Kaffee soweit bekamen, daß er auf dem Stuhl sitzen konnte, ohne herunterzufallen.

„Wie heißen Sie?“ fragte ich ihn.

„Ferdinand Gruber“, antwortete er langsam wie einer, der Mühe hat, zu sprechen, oder überhaupt sich auf seinen eigenen Namen zu besinnen.

„Wie kommen Sie in die Villa Gl.?“

Er sah mich an, als müßte er zuerst seine Gedanken sammeln, ehe er mir diese Frage beantworten konnte.

„Na, Gruber, rappeln Sie sich zusammen. Sie werden doch wissen, was Sie in dem Hause gewollt haben?“

Nun erst kam er klar zur Besinnung.

„Ich war dort Gärtner“, stotterte er langsam.

„Sie, lügen Sie gefälligst nicht! Wenn Sie dort angestellt sind, warum schleichen Sie sich dann wie ein Dieb in der Nacht davon? Und wer war die Frauensperson, die Sie hinausbegleitet hat?“

„Das war die Toni.“

„Was für eine Toni?“

„Na, die Toni halt, das Stubenmädchen!“

Ich wollte ihn noch weiter fragen, aber der Arzt legte sich dazwischen.

„Der Mann ist zu schwach“, sagte er, „um ein scharfes Verhör auszuhalten. Lassen Sie ihn erst ein, zwei Tage ausruhen, ehe Sie ihn befragen.“

Das tat ich dann auch. Da ich aber nicht wollte, daß Gruber mit irgendeinem anderen Menschen in Berührung kam, nahm ich ihn kurz entschlossen mit zu mir nach Hause und pflegte ihn höchst eigenhändig.

Herrgott, wie erschrak ich, als ich mit Hilfe meines Burschen den armen Teufel auskleidete! Sein ganzer Körper war mit Wunden, Beulen und Striemen bedeckt.

Zum Glück war er ein zäher Kerl. Nach zwei Tagen, in denen ich ihn aufpäppelte wie ein kleines Kind, stand er wieder auf den Beinen. Jetzt konnte ich ihn mir vornehmen, um endlich Licht in das mysteriöse Dunkel zu bringen.

„Also, Gruber, nun erzählen Sie mir einmal, und zwar ganz ausführlich, was Ihnen in der Villa passiert ist.“

„Ich kann nicht, Herr Oberkommissar."

„Warum können Sie nicht?"

„Weil ich g'schworen hab'!"

„Geschworen? Ja, wem haben Sie denn geschworen? Und was haben Sie geschworen?"

„Ich hab' schwören müssen, daß ich nichts verrat!"

„Haben Sie den Schwur denn freiwillig geleistet?"

„Das nicht! Man hat mich gezwungen – aber ich meine halt, Schwur ist Schwur, und ich bin ein guter Katholik und brech keinen Eid."

„Gruber, ich will Ihnen mal was sagen: Sie sind ein Esel! Ein mit Gewalt erzwungener Eid ist kein Eid. Folglich kann man ihn auch nicht brechen. Was nicht besteht, kann man auch nicht brechen, verstehen Sie das?"

Aber all meine Sophisterei half mir nichts. So energisch ich auch in den Burschen drang, ich konnte nichts aus ihm herausbekommen. Selbst als ich ihm drohte, ihn zu verhaften, tat er den Mund nicht auf.

Schließlich verfiel ich auf einen Ausweg. Ich schickte meinen Diener zu einem mir befreundeten Kapitelherrn des Stephansdoms und bat ihn, sich zu mir zu bemühen.

Dem ehrwürdigen Geistlichen gegenüber, der ihn von seinem Eid entband, wurde Gruber dann endlich gesprächig.

Unter Tränen erzählte er, was er in der kleinen, verschwiegenen Villa durchgemacht hatte.

Was ich da erfuhr, erschien mir als die Ausgeburt eines wahnsinnigen Sadistengehirns. Mehr als einmal liefen mir bei dem Bericht des armen Teufels kalte Schauer den Rükken hinunter. Die Geschichte hatte sich folgendermaßen zugetragen:

Auf eine Anzeige im ‚Tagblatt' hin hatte er sich als Gärtner gemeldet und war, da seine Zeugnisse gut waren, gleich angestellt worden. Ein Raum neben der Wohnung des Kutschers, die sich im Stallgebäude befand, wurde ihm zum Schlafen zugewiesen. Das Essen bekam er mit dem Kutscher zusammen.

In die Villa selbst kam er nie. Auch die Herrin bekam er nur äußerst selten zu Gesicht.

Er arbeitete fleißig im Garten und kümmerte sich wenig um die anderen Mitglieder des Haushalts. Aber schließlich fiel es ihm doch auf, daß außer ihm und dem Kutscher, der bereits ein alter, schwacher Mensch war, kein Mann in der Villa war. Das ganze Dienstpersonal bestand aus lauter Frauenspersonen, die er nach und nach kennenlernte.

Mit einer von ihnen, der bereits erwähnten Toni, dem zweiten Stubenmädchen, schloß er nähere Bekanntschaft. Da er dem blonden Mädchen ebenso gut gefiel wie sie ihm, dauerte es nicht lange, bis sie miteinander einig wurden, und die Toni ihm versprach, ihn in der nächsten Nacht in ihre Kammer zu lassen.

Wie verabredet schlich er sich also in der nächsten Nacht, so gegen elf Uhr, ins Haus, dessen rückwärtige Tür die Toni offengelassen hatte.

Kaum war er jedoch in dem Speisesaal, den man vom Garten aus zuerst betrat, als er sich plötzlich von drei Seiten zugleich überfallen und auch schon gebunden fühlte. Es war ihm ganz unmöglich, sich überhaupt noch zur Wehr zu setzen.

An Händen und Füßen gefesselt, wurde er in den ersten Stock geschleppt, wo in einem halb erleuchteten Zimmer die Herrin auf einer Couch liegend ihn erwartete.

Wie ein Bündel Kleider warfen ihn die drei Mädchen, die ihn hinaufgeschleppt hatten, der Herrin vor die Füße.

„Du hast es gewagt, die Hand nach einem weiblichen Wesen auszustrecken?“ redete ihn das schöne Weib an.

Der Ferdinand Gruber war ein echtes Wiener Kind, keck und schlagfertig. Als er sich von seinem Erstaunen erholt hatte und in dem elegant eingerichteten Zimmer mit den vier Frauen, die alle ausnehmend hübsch und jung waren, allein sah, dachte er nichts anderes, als daß man mit ihm einen lustigen Spaß inszenieren wollte. Er faßte also die Sache sehr humorvoll auf und antwortete mit einem kecken Augenzwinkern:

„Ich hoffe, bald auch noch was anderes nach ihm auszustrecken!“

„Das sollst du büßen, du gemeiner Schurke!“ schrie sie. „Ich werde dich die schuldige Ehrfurcht vor dem weiblichen Geschlecht lehren!“

Was der arme Kerl in dieser Nacht alles durchgemacht hat, läßt sich überhaupt nicht beschreiben.

Als Gruber seinen Bericht beendet hatte, war ich vor Entsetzen wie gelähmt.

Gab es solche Unmenschen? Konnte sich eine solche Bestie hinter dem nach außen so reinen Antlitz der Baronin verbergen? Als ich mich wieder einigermaßen gefangen hatte, frug ich ihn:

„Ja, sagen Sie mir einmal, wie haben denn die Frauen überhaupt erfahren, daß Sie zu dem Mädchen wollten?“

„Sie haben sie halt erwischt, wie sie in den Speisesaal geschlichen ist, um auf mich zu warten. Da haben sie es mit Gewalt aus ihr herausgebracht, daß sie mit mir ein Rendezvous hat. Diese Kanaillen, wenn ich die nur noch einmal in meine Hände kriegen würde!“

„Dafür kann Rat werden“, sagte ich.

So schwach er war, er sprang wie belebt auf.

„Herr Oberkommissar“, rief er, „wenn Sie den Ludern an den Leib wollen, dann nehmen Sie mich bitte mit! Wenn ich auch jetzt noch ganz zerschlagen bin, ich stelle schon meinen Mann, wenn's drauf ankommt!“

„Wir werden es ja sehen. Jetzt legen Sie sich erst einmal ruhig hin und schauen zu, daß Sie wieder zu Kräften kommen, dann wollen wir über die Sache weiter reden!“

Mein Entschluß stand fest. Ich wollte in die Villa eindringen und die Bestien verhaften.

Da ich aber die Welt mit dieser Sensation zu überraschen gedachte, erstattete ich meinem Vorgesetzten keine Meldung, sondern beschloß, auf eigene Faust vorzugehen.

Ferdinand Gruber und mein Bursche, ein bärenstarker Wallach, sollten mich auf der Expedition begleiten.

So zogen wir drei Männer am nächsten Abend los und kamen so gegen elf Uhr vor der Villa an, die wie gewöhnlich mit dunklen Fenstern in ihrem Garten lag.

Mit meinem Dietrich öffnete ich die verschlossene Gittertür, und auf den Zehen schlichen wir uns über den schneebedeckten Weg an die Haustür, die ich gleichfalls lautlos öffnete.

Mit verhaltenem Atem drangen wir in die Villa ein, in der bereits alles im Schlaf zu liegen schien.

„Das Zimmer der Baronin liegt im ersten Stock“, flüsterte mir Gruber zu.

Wie gelernte Einbrecher kletterten wir die Stiege empor und sahen, als wir oben auf dem Korridor standen, aus einer Tür Licht schimmern.

„Dort ist sie“, knirschte mein Führer, der vor Aufregung am ganzen Leibe zitterte.

Nun standen wir vor der Tür, die Revolver in der Hand. Einen Moment zögerte ich noch, dann drückte ich die Klinke nieder und trat ein.

Hinter mir schoben sich Gruber und Vlai, mein Bursche, ins Zimmer.

Das schöne Weib lag auf der Couch und las. Sie trug einen weiten lichtblauen, seidenen Schlafrock, unter dessen Saum die kleinen, mit Lackpantöffelchen bekleideten Füße hervorblickten. In goldenen Wellen flutete das aufgelöste Haar ihr über Schultern und Rücken herab.

Wenn man sie so ruhig in ihrer majestätischen Schönheit daliegen sah, konnte man sich nicht vorstellen, daß sie eine solche Bestie in Menschengestalt war.

In jähem Schreck fuhr sie empor und starrte uns totenbleich an.

„Wer sind Sie? – Was wollen Sie?“ stammelte sie verwirrt.

„Ich bin Polizeibeamter“, erwiderte ich, „und diesen Mann da“ – ich zeigte auf Gruber, der wie ein sprungbereiter Tiger neben mir stand – „werden Sie ja wohl kennen!“

„Der Gärtner!“ ächzte sie.

„Ja, der Gärtner. Derselbe Gärtner, den Sie so schlecht behandelt haben, Frau Baronin! Sie haben ihn dafür gestraft, daß er mit einem Ihrer Mädchen ein Rendezvous hatte. Nun sollen Sie dafür gestraft werden, daß Sie ihn gestraft haben!“

Aber während ich diese schöne, von Moral triefende Rede schwang, hatte sie sich gefaßt. Sie richtete sich zu ihrer ganzen majestätischen Höhe auf und sah mich und meine Gefährten hochmütig von oben herab an. Ich bin wahrlich kein kleiner Kerl, aber sie konnte ohne Mühe noch die Haare auf meinem Scheitel zählen.

„Sie sind kein Polizeibeamter“, sagte sie kalt, „sonst hätten Sie es nicht nötig, sich bei Nacht und Nebel wie ein Einbrecher in mein Haus zu schleichen. Und die Gesellschaft dieses Menschen da“ – sie deutete auf Gruber – „sagt mir deutlich, wer die beiden anderen sind. Auch nur ein paar Vagabunden! Machen Sie es kurz! – Wieviel wollen Sie haben? Na, reden Sie schon endlich!“

Gruber wollte auffahren, aber ich hielt ihn zurück und trat ihr einen Schritt näher.

„Ich bedaure“, erwiderte ich, „daß Sie sich in uns irren. Aber das ändert an Ihrem Schicksal nichts! Ich erkläre Sie im Namen des Gesetzes für verhaftet! Leisten Sie keinen Widerstand, denn ich bin nicht gesonnen, einen solchen zu dulden!“

Gruber und Vlai hoben drohend ihre Revolver. Sie war jedoch offensichtlich kein Weib, das Furcht kannte. Sie verschränkte die Arme auf der runden Brust und blickte mir, zwar bleich, aber fest in die Augen. Ich muß gestehen, daß mir ihre Beherrschtheit sehr imponierte.

„Ich würde Ihnen raten, daß weder Sie noch Ihre Kumpane da es wagen, mich anzurühren!“ rief sie empört. „Das ist ja das neueste, daß Banditen sich als Polizisten ausgeben und in die Häuser eindringen! Ich bin überzeugt, daß Sie alle drei, wie Sie hier stehen, ganz schön Reißaus nehmen, wenn ich die richtige Polizei rufe! Also nochmals, lassen Sie diesen Quatsch und verschwinden Sie augenblicklich!“

„Madame“, sagte ich ironisch, „Sie werden sich ganz schön hüten, nach der Polizei zu rufen. Den Grund brauche ich Ihnen wohl kaum zu erklären, den wissen Sie selbst nur zu gut.“

„Daß ich nicht lache, wegen solcher Lappalien wird mir die Polizei kaum ein Haar krümmen. Außerdem dürfte man meiner Aussage wohl mehr Glauben schenken als der eines hergelaufenen Gärtners!"

Als ich dieses arrogante Weib so vor mir sah, stieg mir doch langsam die Wut auf. Wenn sie sich, von den Beweisen erdrückt, geuldig in ihr Schicksal ergeben hätte, würde ich wohl glimpflicher mit ihr verfahren sein – aber so – nein und tausendmal nein, sie war keiner mildernden Umstände wert!

„Frau Baronin", sprach ich nun so scharf und schneidend ich nur konnte, „Sie verkennen absolut die Situation, in der Sie sich befinden. Sie sind jetzt in unserer Macht, und wir werden Sie ebenso behandeln, wie Sie den armen Jungen da behandelt haben. So wenig sein Flehen und Bitten Ihr hartes Herz rührte, so wenig soll Ihr Jammern unser Herz erweichen."

„Ach so, läuft es darauf hinaus! Glauben Sie aber ja nicht, daß ich mich wehrlos in Ihre schmutzigen Hände ausliefere!"

Mit einem Satz sprang sie auf den Taster der elektrischen Glocke zu. Ich hatte sie aber keine Sekunde aus den Augen gelassen und war nun schneller als sie. Im Sprung fing ich sie auf und warf sie auf die Couch zurück. Ich packte ihre Handgelenke und fesselte sie leicht.

Zugegeben, die Art und Weise, wie ich gegen dieses vornehme und schöne Weib vorging, war nicht gerade als fair zu bezeichnen. Außerdem war ich mir völlig darüber im klaren, daß ich meine Befugnisse weit überschritt.

Als sie nun vor mir lag, überlegte ich einen Moment, was ich nun mit ihr tun würde. Da sie uns nicht entkommen konnte, war es wohl das beste, wenn wir uns jetzt um die Dienerinnen kümmern würden, denn es wäre ja doch denkbar, daß die eine oder andere nach ihrer Herrin sehen und dann gewaltig Krach schlagen würde.

„Wissen Sie", fragte ich Gruber, „wo die Mädchen schlafen?"

„Oben im zweiten Stock", antwortete er, und seine Augen funkelten böse.

„Also hinauf! Verlieren wir keine Zeit! Mit dieser Dame hier können wir uns nachher noch in aller Ruhe beschäftigen. Inzwischen kann sie sich vielleicht mit ihrem verkommenen Hirn ausmalen, was ihr von uns für ‚Zärtlichkeiten' zugedacht werden. Also bis nachher, Frau Baronin!"

Wir schlichen vorsichtig in den zweiten Stock hinauf.

Die Mädchen lagen in ihren Betten und schliefen. Es kostete uns also keine große Mühe, sie zu überwältigen.

Innerhalb von zehn Minuten waren alle vier – zur Vorsicht auch Grubers Freundin, die Toni – gefesselt und geknebelt.

Es blieb nur noch die Gesellschafterin, die ihr Zimmer in der gleichen Etage hatte, schnell zu überwältigen.

Sie war wach, als wir in ihr Zimmer traten. Bei unserem Anblick stieß sie einen schrillen Schrei des Entsetzens aus. Sie sah mit ihren aufgelösten, kurzen, grauen Haaren wie eine Nachteule aus. Diese alte Vettel war wirklich ekelerregend.

Gruber stürzte auf sie zu, und ich konnte es ihm bei Gott nicht verdenken, daß er sie aus dem Bett zog und fesselte.

Eine nach der anderen trugen wir dann die Frauen nach unten. Als wir alle gut aufgehoben wußten, kehrten wir in das Zimmer der Baronin zurück.

Und hier bot sich mir ein Anblick, mit dem ich ganz bestimmt nicht gerechnet hatte. Der Baronin war es nämlich in der Zwischenzeit gelungen, sich von ihren Fesseln zu befreien, und sie hatte ihrem Leben ein Ende gemacht.

Sie lag langausgestreckt auf dem Boden. In der Hand

hielt sie ein kleines Fläschchen, dessen Inhalt sie geleert hatte.

Vorsichtig nahm ich es und roch daran: Zyankali.

Da erwachte ich endgültig aus meinem Trancezustand. Mir kam zum Bewußtsein, was ich getan hatte.

Die beiden, den Gruber und den Vlai, diese einfachen, brutalen Bruschen, konnte man nicht zur Verantwortung ziehen.

Aber mir, mir konnte es schlimm ergehen, wenn ich die Sache nicht irgendwie einzurenken verstand.

Am nächsten Morgen erstattete ich meinen beiden Vorgesetzten, wenn auch mit gemischten Gefühlen, Bericht.

Da ich es für das beste hielt und auch wußte, daß sie mich schon nicht fallenlassen würden, gestand ich ihnen alles.

Der Präsident und mein unmittelbarer Chef, Dr. Stein, machten beide ernste Gesichter, aber schließlich drückten sie, wie so oft bei mir, alle zwei Augen zu.

So kam ich denn noch einmal ohne großen Schaden aus dieser Geschichte heraus.

Das schwarze Seidentrikot

Eines Tages erhielten wir von der Pariser Polizei die Mitteilung, daß eine berüchtigte Hochstaplerin und Hoteldiebin auf dem Wege nach Wien sei. Sie hatte in Paris zwei kecke Streiche verübt, sei aber den Beamten durch die Finger geschlüpft. Man nehme an, daß sie ihr nächstes Gastspiel in Wien absolvieren werde.

Steckbrief: Große, schlanke Figur, brünette Haare, vollendete Eleganz. Gibt sich für gewöhnlich als reiche Amerikanerin aus. Gehört augenscheinlich einer großen, internationalen Bande an, arbeitet aber immer allein.

„Das ist etwas für Sie, Rhems", sagte der Chef schmunzelnd.

„Sehen Sie zu, daß Sie sie bei irgendeiner Tat erwischen, nehmen Sie sie dann hopp – und wir schicken sie kurzerhand den Kollegen in Paris zurück. Sollen die sich dann mit ihr herumschlagen."

Eine Stunde später standen meine Agenten auf allen Bahnhöfen und paßten auf, ob nicht eine große, schlanke, brünette Dame in Wien ankäme.

Richtig, mittags meldete der Posten von der Westbahn: „Betreffende von Paris eingetroffen, Hotel Bristol abgestiegen."

Am selben Abend kam im Hotel Bristol ein alter, sehr gepflegter Herr an, der sich als van der Wiek, Diamantenhändler aus Amsterdam, in das Fremdenbuch eintrug.

Er hatte einen großen Koffer mit und trug in der Hand eine kleine Tasche, die er nicht einen Moment lang von sich ließ.

Dem Hotelpersonal erzählte er mit der vertrauensseligen Geschwätzigkeit des Alters, die Tasche enthalte kein kleines, sondern ein großes Vermögen: Diamanten, die er am Wiener Platz zu verkaufen beabsichtige.

Das Angebot, das kostbare Gepäck doch im Safe zu deponieren, lehnte er entschieden ab. Bei ihm sei es am sichersten aufgehoben.

Am nächsten Morgen saß der alte Herr am Frühstückstisch und studierte mit Hilfe einer goldenen Brille die Morgenblätter, als eine sehr elegante Dame den Raum betrat und sich, da kein anderer Platz mehr frei war, an dem Tisch neben dem Diamantenhändler niederließ.

Sie war eine große wohlproportionierte Erscheinung vom Typ der eleganten Amerikanerin. Ihr Gesicht war zwar zu unregelmäßig, um als hübsch zu gelten, dafür war es aber rassig und interessant.

Auch der Amsterdamer legte seine Zeitung beiseite und schaute sie mit seinem kurzsichtigen Blick an. Sie gefiel ihm offensichtlich, denn er nickte höchst befriedigt vor sich hin, als er sah, daß sie in seiner Nähe Platz nahm.

Die Amerikanerin, die so Ende der Zwanzig sein mochte, schenkte aber weder ihm noch den anderen Gästen die geringste Aufmerksamkeit.

Mit der gelangweilten Miene eines Menschen, der gewohnt ist, Aufmerksamkeit zu erregen, ließ sie sich das Frühstück servieren und vertiefte sich angelegentlich in dessen Reize.

Niemand, vielleicht selbst nicht einmal der Diamantenhändler, der ihr doch am nächsten saß, bemerkte, daß sie, während sie kunstgerecht die kalte Ente zerlegte, unter den lagen, schwarzen Augenlidern hervor alle Anwesenden musterte.

Da führte der Hotelboy dem Diamantenhändler einen jüngeren Herrn zu, der den Alten sehr höflich grüßte.

Es begann dann eine Konversation, die, obwohl in französischer Sprache geführt, dennoch von der Amerikanerin offensichtlich verstanden wurde, denn unauffällig beugte sie sich zu dem Nebentisch hinüber, um der Unterhaltung besser folgen zu können.

„Für wieviel haben Sie mit?“ fragte der Neuangekommene, augenscheinlich ein Wiener Kaufmann, den Holländer.

„Ach Gott, so für etwa acht mal hunderttausend Gulden. Ich sage Ihnen, junger Freund, lauter ausgesuchte herrliche Steine. Ein paar darunter so groß wie mein Daumennagel. Eine solche Ware werden Sie bisher noch nie gesehen haben.“

„Ich bitte Sie, Herr van der Wiek, das ist ja ein enormes Vermögen! Wo haben Sie denn die Ware deponiert?“

Der Alte nickte vergnügt.

„Gut aufbewahrt, das können Sie sich doch denken! Wissen Sie, mein Koffer hat einen doppelten Boden, da findet sie kein Dieb – und wenn er noch so gerissen ist! Ich kenne mich aus mit den Schlichen der Unterwelt, das dürfen Sie mir glauben. Und ich sehe mich auch entsprechend vor. Nein, nein, bei mir ist diese Ware am sicherten aufgehoben, das dürfen Sie mir glauben!“

„Kann ich die Steine sehen? Es wäre doch gut möglich, daß ich einige davon brauchen könnte.“

„Aber mit dem größten Vergnügen, mein Freund. Wenn Sie mich hinaufbegleiten wollen, ich wohne im zweiten Stock, Zimmer 56.“

Die beiden Herren verließen den Frühstücksraum und gingen nach oben.

Als sie nach etwa einer Stunde wieder herunterkamen, sahen sie die elegante Amerikanerin in ein eifriges Gespräch mit dem Hoteldirektor vertieft.

Die Herren wollten gerade an dem Paar vorübergehen, als der Direktor auf den alten Holländer zuging und ihn höflich fragte, ob er vielleicht ein paar Minuten Zeit erübrigen könne.

„Aber selbstverständlich", sagte Herr van der Wiek und verabschiedete sich sofort von seinem Freund, mit dem er schnell noch ein Rendezvous zum Speisen bei Hartmann verabredete.

„So", sagte er verbindlich lächelnd, „jetzt stehe ich ganz zu Ihrer Verfügung, Herr Direktor."

„Gestatten Sie, Herr van der Wiek", sagte dieser, „daß ich Sie mit Mrs. Whitacre bekannt mache. Madame hätte ein Anliegen an Sie."

„Ich bin entzückt, und es ist mir eine besondere Ehre, Madam", sagte der alte Herr und küßte ihr galant die Hand. „Womit kann ich Ihnen dienen?"

Mrs. Whitacre lud ihn durch eine vornehm herablassende Handbewegung ein, neben ihr in einem ungestörten Winkel der Halle Platz zu nehmen.

Mit ungewollter Koketterie schlug sie ihre schönen Beine übereinander, so daß Herr van der Wiek ihre tadellos gewachsenen Beine bewundern konnte.

„Ich muß Sie vor allem um Entschuldigung bitten, Herr van – – van – –"

„Van der Wiek, gnädige Frau."

„Ja, ganz recht, Herr van der Wiek. Ich muß Sie also um Entschuldigung bitten. Ich habe eine große Indiskretion begangen. Als Sie sich vorhin im Frühstückszimmer mit Ihrem Geschäftsfreund unterhielten, habe ich Sie belauscht. Es war nicht meine Absicht, sondern ergab sich unwillkürlich. Sie sprachen zwar französisch, doch ich beherrsche dieses ebenso wie meine Muttersprache. Ich hörte, daß Sie Diamantenhändler sind und eine größere Anzahl von kostbaren Steinen bei sich haben."

Mit einem Augenaufschlag, der das Herz eines jeden alten Herrn höher schlagen läßt, fügte sie dann beinahe schüchtern hinzu:

„Würden Sie auch an Private verkaufen – an mich zum Beispiel?"

„Ja, aber mit dem größten Vergnügen, verehrte gnädige Frau! Ich glaube, es hat aber nur eine Schwierigkeit – die Steine sind nämlich ungefaßt."

„Aber das macht nichts. Ich würde sie mir von meinem Juwelier fassen lassen. Aber immerhin hoffe ich doch, daß ich mir durch einen günstigen Kauf bei Ihnen eine nicht ganz unbeachtliche Menge Geld sparen kann."

„Oh, gewiß. Selbstverständlich würde ich Ihnen die Steine, die Sie auswählen, zu Händlerpreisen überlassen."

„Sie sind zu liebenswürdig, Herr van der Wiek. Ich weiß gar nicht, wie ich Ihnen für Ihr Entgegenkommen danken soll."

„Aber ich bitte Sie, Gnädigste! Eine schöne Frau braucht sich nicht zu bedanken. Sie hat das Recht, zu verlangen!"

Dabei warf der alte Fuchs der Amerikanerin einen Blick zu, der eine deutliche Bestätigung seiner galanten Worte war.

Ihr gefiel anscheinend seine etwas altväterliche Art, den Kavalier zu spielen, recht gut. Sie bedankte sich mit einem bezaubernden Lächeln, das zwei Reihen tadelloser Perlenzähne hinter den roten Lippen sehen ließ.

Gleichzeitig begann wieder die Koketterie mit den Füßen, bei der er diesmal sogar noch etwas mehr zu sehen bekam. Vielleicht hoffte sie durch ein bißchen Entgegenkommen ihrerseits ein um so größeres von seiner Seite zu finden.

„Könnte ich die Steine vielleicht sehen?“

„Selbstverständlich gern, zu jeder Zeit, die Ihnen angenehm ist“, entgegnete der alte Damenfreund. „Nur müßten Sie sich schon auf mein Zimmer bemühen. Ich bin zwar bei meinen fünfundsechzig Jahren wirklich ganz ungefährlich, allein im Hotel könnte doch …?“

Sie machte eine stolze, abweisende Gebärde und hatte gleichzeitig einen belustigten Zug um den hübschen Mund.

„Herr van der Wiek, ich bin Amerikanerin und von keinem Menschen abhängig. Wenn Sie wollen, können wir jetzt gleich auf Ihr Zimmer gehen.“

Aufs höchste vergnügt trippelte ihr der Diamantenhändler voran und ließ sie in sein Zimmer eintreten. Dann verschloß er eiligst die Tür. Als er ihren verwunderten Blick sah, meinte er beruhigend:

„Oh, das ist nur eine Vorsichtsmaßregel. Ich habe die Diamanten nämlich in einem Geheimfach meines Koffers. Es wäre mir nicht gerade angenehm, wenn wir durch das Hotelpersonal bei der Besichtigung überrascht würden. Aber Ihnen, gnädige Frau, kann ich ja meine Schätze zeigen – von Ihnen werde ich ja wohl nicht beraubt werden.“

Die Amerikanerin lächelte.

„Sie haben recht, Herr van der Wiek, in so einem großen Hotel kann man nicht vorsichtig genug sein.“

Der alte Herr hatte inzwischen aus dem Schrank seinen kleinen Koffer geholt und schickte sich an, ihn umständlich zu öffnen.

Sie trat zu ihm und schaute neugierig zu, wie er das Schloß aufsperrte und vorsichtig das Geheimfach aufschloß, dem er eine kleine eiserne Kassette entnahm.

Als er ihre neugierigen und interessierten Blicke bemerkte, zeigte er ihr den Mechanismus des Geheimfaches.

„Sehen Sie, gnädige Frau, man nimmt diesen Einsatz heraus – so, dann drückt man auf diesen unscheinbaren Nagelkopf hier rechts – da, dann wird hier unten eine kleine Schraube frei, dreht man schnell dreimal hintereinander herum – so – dann springt das Fach auf. Ist dieser Mechanismus nicht außerordentlich schlau erdacht?“

In seinem Gesicht war ein selbstgefälliger Stolz zu sehen, daß er diesen raffinierten – und für jeden Dieb unknackbaren – Koffer besaß, den er nun dieser jungen charmanten Frau zeigen konnte!

Umständlich hob er nun die Kassette heraus, schloß sie auf und hielt sie ihr hin.

Wie geblendet fuhr sie zunächst zurück!

Da lagen wirklich die wunderbarsten Steine, die man sich vorstellen konnte, auf dem schwarzen Samt.

In ihren dunklen Augen funkelte es seltsam auf, und in ihr Gesicht schlug eine brennende Röte. Aber nur für einen Moment. Sofort hatte sie sich wieder in der Gewalt und sagte im gleichgültigsten Ton von der Welt:

„In der Tat, Sie haben nicht zu viel versprochen, es sind herrliche Steine. Ich wäre Ihnen wirklich sehr dankbar, wenn Sie mir den einen oder den anderen der Steine überlassen würden.“

„Und mir wäre es ein ganz besonderes Vergnügen, wenn ich wüßte, daß einer dieser selten schönen Steine von einer der schönsten Frauen getragen wird, die ich in meinem nicht gerade unbewegten Leben kennenlernen durfte. Bitte, verehrte gnädige Frau, sehen Sie sich in Ruhe die Steine an und wählen Sie dann.“

Über eine Stunde lang wühlte sie in den Steinen herum. Hier und da durchzuckte ihre schlanken Finger ein gieriges Zittern, aber sie bewahrte ihre kühle Gelassenheit.

Wenn der alte Fuchs vielleicht gehofft hatte, sie durch den Anblick der funkelnden Steine zu blenden und dafür eine kleine Freiheit gewährt zu bekommen, so hatte er sich gründlich getäuscht.

Ruhig schloß sie die Kassette und gab sie ihm mit einem bezaubernden Lächeln zurück.

„Ich würde Sie bitten, Herr van der Wiek, bis morgen mit dem Besuch Ihrer Kunden zu warten. Ich würde mir gerne für etwa hunderttausend Gulden Steine aussuchen – falls Sie damit einverstanden sind. Ich muß nur gleich an meinen New Yorker Bankier telegrafieren, daß er mir die Summe sofort hierher anweist. Würden Sie mir also den Gefallen tun und sich bis morgen gedulden?"

„Aber selbstverständlich, mit dem größten Vergnügen, gnädige Frau. Es kommt in keiner Weise auf einen Tag an, ob ich meine Kunden nun früher oder später besuche. Selbstverständlich überlasse ich einer schönen Frau immer die erste Wahl!"

„Ich danke Ihnen vielmals."

Herablassend reichte sie ihm ihre Hand, die er mehr zärtlich als ehrfurchtsvoll an seine Lippen zog.

Als sie zur Tür ging, drehte sie sich noch einmal um und schenkte ihm ein betörendes Lächeln.

Kaum hatte sich jedoch die Tür hinter ihr geschlossen, als Herr van der Wiek sofort die Kassette mit den herrlichen Diamanten in eine kleine, unscheinbare Handtasche packte und mit dieser eiligst das Hotel wieder verließ.

Die Steine hatten jetzt ihre Pflicht getan. Auf dem schnellsten Weg wollte er sie dem Juwelier zurückbringen, von dem er sie sich ausgeliehen hatte.

Ja, dieser alte, liebenswürdige, gegen schöne Damen so zuvorkommende Diamantenhändler war nämlich gar kein

Diamantenhändler. Es war meine Wenigkeit, der Polizeikommissar Rhems, der auf diese Weise der elegant auftretenden Hoteldiebin eine Falle stellte.

Am Abend traf ich meine Vorbereitungen für den zu erwartenden Besuch.

Um nicht ihren Verdacht zu erwecken, schloß ich die Tür sorgfältig ab. Es mußte für so eine gewiegte Fachgenossin sehr leicht sein, sie wieder zu öffnen.

Auf dem Nachttisch legte ich mir zwei Wachspfröpfchen bereit, um mir rechtzeitig die Nasenlöcher zustopfen zu können, falls sie – was sehr wahrscheinlich war – versuchen sollte, mich zu chloroformieren.

Für alle ernsteren Fälle, die man ja nie vorhersehen kann, steckte ich meinen Revolver unter das Kopfkissen.

Dann legte ich mich – selbstverständlich in der Maske des alten Holländers – in das Bett.

Ich mußte lange warten, und ich zweifelte schon daran, ob sie ihren Besuch heute noch ausführen würde. Doch dann, gegen halb zwei Uhr morgens, hörte ich ein kaum vernehmbares Geräusch an der Tür.

Das Zeichen dafür, daß sie sich näherte!

Ich muß ehrlich zugeben, sie arbeitete wirklich bewundeungswürdig geschickt.

Sehen konnte ich leider nichts, aber da ich angestrengt lauschte, unterschied ich bald, wie sich die Tür öffnete und die Dame hereinschlüpfte. Ich schnarchte, daß es eine Wonne zu hören war.

Für eine Sekunde sah ich einen schmalen Lichtstreifen aus einer sogenannten Diebeslaterne aufblitzen. Aha, dachte ich, sie will sich sicherheitshalber noch einmal genau orientieren.

Der Schein verschwand – und im nächsten Augenblick stand sie vor meinem Bett.

Ich roch einen süßlich betäubenden Geruch, und schon fühlte ich, wie sie mir einen mit Chloroform getränkten Schwamm auf das Gesicht preßte.

Zum Glück hatte ich mir schon vorher die Wachspfropfen in die Nasenlöcher gesteckt, so daß mir nun, da ich auch die Lippen aufeinanderpreßte, das Betäubungsmittel nichts anhaben konnte.

Ich spielte eine herrliche Komödie. Ich seufzte und stöhnte ein paarmal und fiel schließlich ganz ins Kissen zurück, so daß die Gaunerin glauben mußte, mich vollständig betäubt zu haben.

Sie hielt sich nun für absolut sicher, drehte ihre Laterne voll auf und machte sich an die Arbeit.

Als ich sie so in vollem Licht sah, hätte ich mich beinahe durch einen Ruf der Überraschung verraten.

Sie war von Kopf bis Fuß in ein schwarzes Seidentrikot gehüllt, wie es die gewöhnliche „Arbeitsuniform" der Hoteldiebe ist. Sie können sich in diesem Anzug ungesehen durch die dunklen Korridore schleichen.

Vor dem Gesicht trug sie eine schwarze Samtmaske und an den Händen schwarze Handschuhe.

Ich muß offen gestehen, daß ihr dieses Kostüm außerordentlich gut stand. Sie hatte eine Figur, wie von eines Bildhauers Meißel geschaffen.

Schlanke runde Waden, die sich in wundervoll gewölbten Schenkeln fortsetzten. Weit ausladende, schwellende Hüften. Als sie sich nun über den Koffer beugte, gingen mir schier die Augen über, wie sie mir in dieser Stellung ihren üppigen Popo darbot.

Die Brust konnte ich leider nicht sehen, aber es war

anzunehmen, daß die Vorderseite der Rückseite entsprach. Himmeldonnerwetter, war das eine Frau!

Meister Priap war ganz der Ansicht seines Herrn und sprang freudig in die Höhe!

Leise richtete ich mich auf und setzte mich, den Revolver in der Hand, auf den Rand des Bettes. Ich freute mich diebisch auf den Augenblick, wo sie das Geheimfach leer fand.

Ein Schrei der Wut, den sie ausstieß, kündigte mir den Höhepunkt des Dramas an.

„Gnädigste sind überrascht?“ sagte ich höhnisch.

Wie von einer Tarantel gestochen, fuhr sie herum. An dem starren Blick ihrer Augen konnte ich erkennen, wie fassungslos sie über diese Überraschung war.

Ich nahm lächelnd die graue Perücke ab – statt des alten schwachen Mannes sah sie sich einem jungen, starken gegenüber!

„Ein Detektiv“, stöhnte sie.

„Nehmen Sie die Maske herunter!“

„Nein“, schrie sie auf. Mit einem Faustschlag hatte sie die Lampe zertrümmert und sprang zur Tür.

Da ich darauf vorbereitet war, war ich schneller dort als sie und packte sie derb um die runden Hüften, als sie nach der Klinke greifen wollte.

Sie war stark und entschlossen, um ihre Freiheit mit allen ihr zu Gebote stehenden Mitteln zu kämpfen.

Es war mir vollständig klar, daß dieses Ringen in der Finsternis für mich nicht ungefährlich war. Ich mußte mich vorsehen, daß sie mir nicht mit irgendeiner Waffe zu Leibe rückte.

Warum also zart mit ihr umgehen? Ich erwischte sie an beiden Händen, drehte ihr die Arme hinter den Rücken –

und schwapp, saßen die Handschellen an den feinen Gelenken.

In diesem Augenblick fiel etwas klirrend auf den Boden – ein kleiner, haarscharf geschliffener Dolch.

Ich hatte sie also richtig eingeschätzt. Sie war keine Dilettantin, sondern eine mit allen Wassern gewaschene Person, die ihre Gaunerzüge genau vorplant und alle Eventualitäten mit in Betracht zieht.

Ich schaltete das elektrische Licht ein und hob den Dolch auf.

Da stand sie nun, am ganzen Leib zitternd vor Wut und Anstrengung. Ihre schwarzen Augen funkelten mich hinter der Maske haßerfüllt an.

Ich hingegen war der liebenswürdigste Mensch unter der Sonne, nahm ihr die Maske ab und leerte auch den Inhalt des kleinen Täschchens aus, das sie um die Taille geschnallt hatte.

Es war für ein Damentäschchen ein ganz reizender Inhalt: ein ganzer Bund Dietriche sowie ein kleiner geladener Fünfläufer und ein paar Brecheisen.

All diese kleinen Kostbarkeiten packte ich gemächlich auf den Tisch.

„So, Mrs. Whitacre oder, wie Sie sich in Paris nennen, Miß Holburn, nun wollen wir uns ganz gemütlich aussprechen."

Sie biß die Lippen aufeinander und schwieg trotzig.

Lächelnd stellte ich mich ihr gegenüber und betrachtete sie eingehend.

Der Busen hielt wirklich, was die Rückseite versprochen hatte. Groß und fest waren die Brüste und standen in die Höhe wie zwei Blitzableiter. Der Bauch war leicht gewölbt und wurde von einem Paar Schenkeln getragen, an denen ich mich nicht sattsehen konnte.

Purpurröte bedeckte ihre Wangen während dieser Musterung. Ihr schöner Busen wogte, ihre Augen funkelten mich böse an.

„Ich finde“, sagte sie zähneknirschend, „Sie überschreiten Ihre Machtbefugnisse bei weitem. Wer gibt Ihnen das Recht, mich so unverschämt und schamlos anzuschauen?“

„Ich bewundere Ihre Schönheit. Es wäre das erste Mal, daß diese Bewunderung einer Frau unangenehm ist. Tja, und außerdem ist es doch nicht meine Schuld, daß Sie sich mir in diesem Kostüm präsentieren.

Zugegeben, dieses Kostüm kleidet Sie ganz vorzüglich. Sie haben wahrhaft göttliche Formen! Ich rate Ihnen, sich so den Richtern zu präsentieren. Sie werden sicherlich freigesprochen!“

Dabei strich ich liebkosend über die marmorharten Brüste, deren Knospen sich unter meiner Hand sofort aufrichteten. Auch die Hüften, Schenkel und die üppigen Pobakken bekamen ihren Teil ab.

„Machen Sie ein Ende!“ zischte sie mich an. „Ich bin nicht dazu da, daß Sie an mir Ihre Gelüste stillen! Das fehlte mir gerade noch – von der Liebe eines Detektivs beglückt zu werden!“

Ohne ein Wort zu erwidern, knöpfte ich das Trikot oben an der Schulter auf und streifte es ihr – nachdem ich ihr die Hände für einen Augenblick gelöst hatte, bis auf die Füße herunter.

Tränen der Wut traten ihr in die Augen, und sie versuchte, sich durch Tritte und Bisse meiner zu erwehren – aber sie war ja gefesselt, was konnte sie da schon machen?

Sie mußte es geschehen lassen, daß ich mich in aller Behaglichkeit an der Pracht ihres wunderbaren Leibes ergötzte.

Es war wirklich eine Pracht!

Blendend weiß war die Haut und glatt wie Seide. Schwarz, weiß, rot waren ihre Farben. Weiß die Haut, rot die Knospen ihrer Brüste und schwarz ihr Vlies, das sich wie eine Samtdecke über den halben Bauch spannte.

Meister Priap riß mir fast die Hose auseinander.

„Das ist eine bodenlose Niedertracht, eine bübische Gemeinheit", knirschte sie, „ein wehrloses Weib so zu behandeln! Das wirst du mir büßen, du gemeiner Schurke, du!"

„Daß ich nicht lache, ein wehrloses Weib! Seit wann trägt ein wehrloses Weib einen Revolver, oder diesen kleinen hübschen Dolch und all die anderen niedlichen Werkzeuge mich sich herum?

Doch halt, ich bin leichtsinnig, wir wollen doch einmal sehen, ob Sie nicht an einer gewissen Stelle noch mehr solcher Spielzeuge versteckt haben."

Ich hob sie auf und trug sie zum Bett. Trotz ihres Zappelns und obwohl sie sich mit allen Mitteln zur Wehr setzte, spreizte ich ihr die Beine auseinander.

Purpurn leuchtete mir das Tal der Seligkeiten entgegen. Nur schien es mir schon des öfteren befahren worden zu sein, denn die vollen, dunkelroten Lippen waren geöffnet, und zwischen ihnen zeigte sich der Eingang zum Paradies.

„Feigling – Schurke!" schleuderte sie mir haßerfüllt ins Gesicht.

„Ergeben Sie sich gutwillig", sagte ich.

„Lassen Sie mich los, oder ich mache einen Skandal", schrie sie, „daß das ganze Hotel zusammenläuft!"

„Tun Sie das, es wäre sicherlich eine einmalige Attraktion für die Hotelgäste!

Man wird Sie nackt in meinem Bett finden, und ich

werde sagen, daß ich die berüchtigtste Hoteldiebin der Welt gefangen habe. Dann wird man Sie – bevor Sie nach Frankreich gebracht werden – erst noch in Österreich einsperren.

Rechnen Sie es sich selbst aus: Der Betäubungsversuch mit dem Chloroform, der Einbruch in mein Zimmer und zum Schluß noch der Mordversuch mit dem Dolch werden zusammen ein paar nette Jahre Zuchthaus ergeben. Ihr schöner Körper wird arg verwelkt sein, ehe Sie wieder nach Frankreich zurückkommen!"

„Was wollen Sie also von mir?"

„Weiter nichts, als daß Sie jetzt stillhalten ..."

„Nein, nein, ich will nicht ... Ich bin verheiratet, ich war meinem Mann immer noch treu."

„Ach, der Herr Gemahl wird schon zufrieden sein, wenn er das Weibchen ein paar Jahre früher wiedersieht. Falls er nicht gerade selber gezwungen ist, als Gast in den Mauern eines idyllischen Zuchthauses zu verweilen."

„Lassen Sie mich los – lassen Sie – ah – ah – Sie tun mir weh – ich liege ja auf meinen Händen! Au – Sie brechen mir die Arme!"

Ich hatte inzwischen mein Stemmeisen hervorgeholt.

Da ich aber einsah, daß sie in dieser Stellung in den Armen Schmerzen empfinden mußte, drehte ich sie kurzentschlossen auf den Bauch herum. Nun lag sie mit dem Oberkörper quer über dem Bett.

Ich stand vor ihr und schob mich zwischen ihre Beine.

Bei den ersten Stößen lag sie ruhig, aber allmählich kam sie ganz in Schwung. Sie begann zu seufzen und zu stöhnen und reckte mir die üppigen Hemisphären entgegen.

„So, mein Herr, sind Sie jetzt zufrieden?" fragte sie.

„Nein, nicht ganz", erwiderte ich, „ich komme erst langsam auf den Geschmack."

„Nutzen Sie bei jeder Frau so Ihre Macht aus?"

„Wenn sie so schöne Schenkel und Brüste und einen so üppigen Popo hat wie Sie – gewiß.

Doch damit Sie sehen, daß ich kein Unmensch bin, werde ich Ihnen die Handschellen abnehmen. Allerdings unter der Voraussetzung, daß Sie keine Dummheiten machen!"

„Die Dummheiten sind mir vergangen. Ich war dumm genug, daß ich Ihnen in die Falle ging. Ich sehe ein, daß ich Ihnen nicht gewachsen bin."

„Sehen Sie, so gefallen Sie mir."

Als ich ihr die Handschellen abnahm, reckte und streckte sie die Arme.

Sie setzte sich nun, da wir schon einmal auf so intimem Fuße standen, ganz bequem auf den Bettrand. Aufreizend stemmte sie das eine Bein auf, damit ich mich an seinen Reizen berauschen konnte.

„Was werden Sie nun mit mir tun?" fragte sie.

„Leider bin ich gezwungen, Sie nach Frankreich zu transportieren. Ich verspreche Ihnen aber, daß sowohl hier im Hotel wie überhaupt in Österreich Ihnen jede Unannehmlichkeit erspart bleiben wird."

„Ich danke Ihnen. In Frankreich wird mir nicht viel geschehen, weil man mir dort überhaupt nichts beweisen kann."

„Ich wünsche es Ihnen; denn wie gesagt, es wäre sehr schade, wenn solche Formen lange im Zuchthaus modern müßten.

Warum Sie sich überhaupt nicht einem anderen Beruf – Sie wissen schon, welchen ich meine – widmen, ist mir ein Rätsel. Das wäre zumindest ebenso gewinnbringend, doch weniger gefahrvoll."

„Eigentlich haben Sie recht. Aber was wollen Sie, ich

liebe die Gefahr und die Aufregung. Außerdem halte ich nicht viel von den Männern!“

„Um so eher ein Grund, sie zum Narren zu halten und auszunutzen.“

„Ach, was nützt es – aus meiner Haut kann ich jetzt leider nicht mehr heraus. Doch sagen Sie mir jetzt einmal, wie Sie es anfangen wollen, mich hier ohne Skandal aus dem Hotel zu bringen.“

„Sie werden jetzt wieder Ihr Trikot anziehen und mit mir in Ihr Zimmer gehen. Dort werden Sie sich zur Reise anziehen und Ihre Koffer packen. Anschließend werden wir wieder in mein Zimmer gehen.

Morgen früh bezahlen wir dann unsere Rechnungen und fahren in zwei Wagen hintereinander zum Bahnhof, wo ich schon für ein geschlossenes Coupé sorgen werde.

Nur eines müssen Sie mir auf Ihr Ehrenwort versprechen: Sie dürfen um Gottes willen nicht versuchen, mir auszubrechen. Sie wissen, es ist mit mir nicht zu spaßen; und es wäre mir jetzt, ehrlich gesagt, wirklich sehr unangenehm, wenn ich gegen Sie Gewalt anwenden müßte.“

Sie zog sich also gehorsam ihr Trikot wieder an, und wir schlichen uns über den stillen Korridor in ihr Zimmer hinüber. Sie kleidete sich rasch an, und der Koffer war auch im Nu gepackt. Wir gingen in mein Zimmer zurück.

Inzwischen war es vier Uhr geworden. An Schlaf war nicht zu denken – so nahm ich sie bei mir drinnen auf meinen Schoß, was sie sich in Anbetracht unseres geschlossenen Paktes ganz gern gefallen ließ.

Meine Hand suchte und fand den Weg unter ihren Rökken, während sie mir ganz ungeniert die Hose aufknöpfte und sich liebevoll meines Priaps bemächtigte, der natürlich nicht lange brauchte, um klar zum Gefecht zu stehen.

Ohne mich viel zu rühren, hob ich ihr die Röcke vollends auf.

Diesmal legte sie sich gar keine Hemmungen auf, sondern ging gleich von Anfang an mit.

Gleichzeitig kamen wir ins Land der Wonne und fielen in unserem Taumel von dem Sessel, auf dem wir saßen, herunter. Mit Müh und Not klaubten wir uns dann vom Boden wieder auf.

Wie ich ihr versprochen hatte, brachte ich sie glücklich aus dem Hotel auf den Bahnhof, ohne daß auch nur ein Mensch von diesem seltsamen Transport etwas merkte. Sie benahm sich musterhaft und erleichterte mir meine schwere Aufgabe damit ungemein.

Im Coupé des Luxuswagens, das ich von innen verschloß, schliefen wir gründlich aus.

Schweren Herzens übergab ich sie den Pariser Detektiven, die sie in Paris erwarteten.

Die Herren Kollegen machten sehr erstaunte Gesichter, als sie sahen, daß ich sie ohne Handschellen brachte.

Ich sang ihr jedoch ein großes Loblied und versicherte, daß für eine Gewaltanwendung bei ihr absolut kein Grund vorhanden wäre, sie hätte sich während der ganzen Zeit vorzüglich und mustergültig verhalten. Aus diesem Grund würde ich auch die Herren Kollegen bitten, mit ihr sanft umzugehen, da ich überzeugt wäre, daß sie dann ebenfalls keine Schwierigkeiten zu erwarten hätten.

Während die französischen Polizisten nun die Auslieferungspapiere durchsahen, flüsterte ich ihr zu:

„Daß du dich ja nicht unterstehst, vor diesen widerlichen Kerlen gleich die Röcke aufzuheben wie bei mir, sonst gnade dir Gott, wenn du wieder in meine Hände kommst!“

„Ach die! Die sollen sich in acht nehmen!“ sagte sie geringschätzig.

„Sei vernünftig und denke an den Rat, den ich dir gegeben habe.“

„Weißt du, wenn ich erst wieder frei bin, besuche ich dich vielleicht eines Tages in Wien. Ja, ich besuche dich ganz bestimmt, denn ich glaube, ich habe mich doch ein wenig in dich verliebt!“

Zum Abschied tippte sie mir noch einmal auf eine gewisse Stelle meiner Hose.

Dann kamen die Herren Kollegen und führten sie ab.

Etwa nach einem dreiviertel Jahr – ich lag gerade behaglich auf meiner Couch – meldete mir mein Bursche, daß mich eine elegante Dame zu sprechen wünsche.

Die Anmeldung war unnötig, denn auf dem Fuß folgte ihm die Angemeldete – meine Schöne im Seidentrikot!

„Nun, halte ich Wort?“ sagte sie und sprang mir stürmisch an den Hals.

„Schon frei?“

„Ich habe es dir ja damals gesagt, sie konnten mir nicht viel beweisen; na siehst du, und jetzt bin ich wieder frei. Doch was soll das jetzt alles? Komm – ich habe nur eine Stunde Zeit!“

„Dein Mann wartet wohl auf dich?“

„Ach wo! Der sitzt, wie du ahnungsvoller Engel prophezeit hast, in Manchester. Stell dir vor – auf zwölf Jahre haben sie ihn gleich eingelocht. Pech, er hatte halt keinen so guten Kriminalkommissar als Fürsprecher wie ich.“

„Pech für ihn! Und das ist doppelt bitter, wenn man eine Frau mit solchen Schenkeln und einem so herrlichen Popo hat. Ich hoffe, daß beide noch wie früher sind.“

„Du kannst dich ja davon überzeugen!“

Sie trat einen Schritt zurück und hob die Röcke bis über den Nabel hoch.

„Na sag mal, wie läufst denn du in der Gegend herum? Du hast ja nicht einmal eine Hose an!“

„Wozu denn, Liebling, die hätte uns ja nur gestört. Zum Ausziehen habe ich keine Zeit! Gefalle ich dir noch?“

Und ob sie mir gefiel! Statt mit Worten bewies ich es ihr mit Taten.

Schließlich waren zwei volle Stunden vergangen. Zu Tode erschrocken fuhr sie hoch.

„Was hast du denn?“ fragte ich ganz erstaunt.

„Mein russischer Fürst, der sitzt im Hotel und wartet auf mich!“

„Du hast also doch meinen Rat befolgt?“

„Ja. Doch jetzt lebe wohl! Wenn mich der dumme Russe erst geheiratet hat, mache ich dich zu meinem Hausfreund!“

„Und du glaubst, daß ich mich mit dieser Rolle zufriedengeben werde?“

Der dumme Russe hat sie geheiratet, doch ich wurde nicht ihr Hausfreund – weil ich mich am Hauptgericht und nicht am Nachtisch sattessen mag!

Die Kollegin aus London

Eines Tages ließ mich mein Chef rufen. Als ich sein Büro betrat, sah ich neben seinem Schreibtisch eine junge Dame sitzen, die mich mit klugen Augen musterte.

„Kommissar Rhems, einer unserer gewiegtesten Kriminalisten, – Miß Burton, eine Kollegin des Londoner Detektivkorps", machte Dr. Stein uns bekannt.

„Ich möchte Sie bitten, lieber Rhems, unserer Kollegin, die hier eine sehr schwere Aufgabe zu lösen hat, ein wenig an die Hand zu gehen.

Miß Burton soll hier in Wien eine gefährliche Hochstaplerin verhaften und nach London bringen. Da sie das Wiener Terrain nicht kennt, hat sie sich an uns um Hilfe gewandt. Ich hoffe, lieber Rhems, sie hat diese Bitte nicht umsonst ausgesprochen!"

Ich verbeugte mich vor der Kollegin und sagte: „Wenn Miß Burton so liebenswürdig sein will und mir den Fall auseinandersetzen, können wir gleich alle nötigen Maßnahmen besprechen. Vielleicht hat Miß Burton die Freundlichkeit, sich mit mir in mein Büro zu begeben."

Die junge Dame war damit einverstanden und folgte mir, nachdem sie sich von Dr. Stein mit herzlichen Dankesworten verabschiedet hatte.

In meinem Büro angekommen bot ich ihr eine Zigarette an, die sie ohne jede Spur von Zimperlichkeit annahm. Auch einem Schluck guten Cognacs war sie absolut nicht abgeneigt. Ob sie wohl auch noch anderen Annehmlichkeiten dieses Lebens nicht abgeneigt war? Mir sollte es nur recht sein, ich würde sie ihr dann liebend gerne bieten!

Hübsch war sie, meine Kollegin aus London. Jung und von kräftiger Anmut der anglikanischen Rasse, hatte sie eine mittelgroße Figur, die, wenn auch keine Üppigkeit, so doch ganz appetitliche Rundungen aufwies.

„Also Sie wollen so liebenswürdig sein, Herr Kommissar, und mir beim Fangen dieser gerissenen Gaunerin behilflich sein?“ fragte sie mit etwas spöttischem Lächeln.

Komischerweise sah man mir nie den Detektiv an, sondern hielt mich ganz im Gegenteil dazu für einen eleganten Nichtstuer. Es verwunderte mich also in keiner Weise, daß meine junge Kollegin etwas Zweifel in meine Fähigkeiten setzte. Ich grinste mir im stillen eins und dachte mir meinen Teil. Ich wollte ihr in jeder – aber auch wirklich in jeder – Weise beweisen, daß ich ein Meister meines Faches war!

„Ich will versuchen, soweit es in meinen schwachen Kräften steht, Ihnen so gut wie möglich behilflich zu sein“, antwortete ich. „Doch erzählen Sie mir zuerst einmal ausführlich, um was es sich überhaupt handelt.“

„Ich bin hinter einer russischen Hochstaplerin her, die auch Ihnen in Wien dem Namen nach sicher gut bekannt sein dürfte. Sie nennt sich bald Gräfin Trubetzkoi, dann aber wieder Fürstin Suwaroff, oder sie legt sich sonst irgendeinen wohlklingenden Namen zu.

Ihre Spezialität besteht darin, daß sie mit wohlhabenden Herren im Séparée soupiert, sie betrunken macht oder sonstwie betäubt, um sie dann restlos auszurauben. Da sie sich ihre Opfer gutüberlegt aussucht, ist ihre Beute auch immer entsprechend hoch. Da die Geschädigten meistens den höchsten Gesellschaftskreisen angehören, schweigen sie, denn es ist verständlich, daß sie jeden Skandal vermeiden müssen. Außerdem – welcher Mann gibt schon gern in der Öffentlichkeit zu, daß er erstens – zumal wenn er verheiratet ist, was ja meistens der Fall ist – mit einer Dame im Séparée war und zweitens dieser Dame auch noch auf den Leim gegangen ist!

Diese Hochstaplerinnen wissen das alles ganz genau.

Darum können sie auch meistens so lange und unbehelligt ihr dunkles Handwerk betreiben.

Die letzte Heldentat, mit der sich die von uns Gesuchte auszeichnete, bestand in der Ausplünderung eines der höchsten englischen Aristokratie angehörenden Herrn. Nach der Tat flüchtete sie nach dem Kontinent und soll sich, wie gesagt, nun in Wien aufhalten."

Mein Plan stand schon fest. Wir mußten die Gaunerin auf Schritt und Tritt beobachten, um sie in flagranti zu erwischen und festnehmen zu können.

Das war alles ganz gut und schön, aber vor allem mußten wir sie erst einmal ausfindig machen. Doch wie so oft, kam uns der Zufall auch hier zu Hilfe.

Sie war im Sacher – zur Abwechslung unter dem Namen Fürstin Ispanowski – abgestiegen. Sie befand sich in Begleitung einer älteren Dame, die sie als ihre Gesellschafterin ausgab. Außerdem war da noch ein ganz niedliches Kammerkätzchen. Es liegt auf der Hand, daß beide Begleitpersonen nicht ihre Dienerinnen, sondern ihre Genossinnen bei dem Handel waren. Wir hatten also ein feines Trio vor uns.

Eine ganze Woche lang lagen wir umsonst auf der Lauer, ohne daß wir auch nur einen Schritt weiterkamen.

Miß Burton arbeitete im Hotel als Stubenmädchen, ich als Zimmerkellner. Wir wußten also auf die Minute, was die Gesuchte tat, und wo und mit wem sie sich traf, aber sie kam uns nie vor den Schuß!

Sie lebte außerordentlich solide, besuchte jeden Abend das Theater, soupierte zumeist im Hotel und ging dann schlafen – wie es sich für eine brave anständige Frau gebührt.

Es war uns klar, daß sie augenscheinlich noch nicht das richtige, sich lohnende Ausbeutungsobjekt gefunden hatte.

Allmählich wurde mir dieses Warten doch langweilig. Was lag also näher, als daß ich die Zeit dazu benutzte, mit der Kollegin aus London innigere Freundschaft zu schließen?

Sie war ein frisches, fesches Geschöpf von einundzwanzig Jahren, mit festen, durch den Sport gehärteten Formen.

Die Stubenmädchentracht stand ihr zu dem blonden Haar und der reizenden Figur ganz ausgezeichnet, und es war mehr als ein Gast im Hotel, der, wie sie mir versicherte, es versuchte, sich über die Reize des hübschen dienstbaren Geistes etwas genauer zu orientieren.

„Stellen Sie sich vor, sogar ein Verhältnis hätte ich schon haben können", erzählte sie mir eines Tages lachend, als wir ein paar freie Stunden dazu benutzten, in dem bekannten Vergnügungsetablissement ‚Venedig in Wien' herumzubummeln.

„Ach, und dann erst dieser Großgrundbesitzer! Er wollte mich unbedingt mit auf sein Gut nehmen. Mein Gott, was er mir alles für Versprechungen machte. Wenn ich dem geglaubt hätte, wäre ich in den siebten Himmel gekommen!"

„Na, und warum haben Sie das Angebot nicht angenommen, wenn es doch so verlockend klang? Es müssen doch nicht immer alle Männer Schwindler sein! Vielleicht hat er es ganz einfach ehrlich mit Ihnen gemeint", sagte ich.

„Sagen Sie mal", und dabei sah sie mich so komisch von der Seite her an, „ist das Ihr Ernst?"

„Ja freilich. Eine so hübsche Person wie Sie müßte sich, wenn sie nur einigermaßen vernünftig wäre, doch nicht in einem so schweren und außerdem nur zu oft gefährlichen

Beruf abquälen. Ich bin der Ansicht, daß Sie das getrost den älteren und häßlichen Mitgliedern des schwachen Geschlechtes überlassen könnten.

Ich bin der felsenfesten Überzeugung, daß Sie“ – und dabei sah ich sie nun wiederum ziemlich frech von oben bis unten an – „mit Ihrem Busen und Ihren Hüften doch eigentlich an jedem Finger mindestens zehn Bewerber, und zwar ernsthafte, haben müßten.“

„Der geehrte Herr Kollege scheint durch den steten Verkehr mit Gaunern, Dieben, Mördern, Dirnen, Hochstaplerinnen und sonstigem Gesindel ganz vergessen zu haben, was eine anständige Frau ist – und wie man zu einer solchen spricht, beziehungsweise nicht spricht. Es ist sehr schade, daß Ihr Beruf sich so nachteilig auf Ihren Charakter ausgewirkt hat.“

Sie schmollte und wollte auf und sofort nach Hause – soweit wir das Hotel als Zuhause bezeichnen konnten – gehen.

Ich entfaltete alle meine diplomatischen Künste, bis es mir gelang, den Sturm der Entrüstung zu besänftigen und die angelsächsische Tugend wieder in einem Glase Champagner reinzuwaschen!

Wir setzten uns in eine verschwiegene Nische und versöhnten uns hier ausgiebig.

Aber alles, was ich erreichte, war, daß ich sie küssen durfte.

Ihre frischen, kühlen Lippen schmeckten sehr gut und wurden unter meinen immer stürmischer werdenden Küssen wärmer. Als ich aber wie so von ungefähr mit der einen Hand am Schenkel entlangfahren wollte und dabei etwas fester zugriff, erhielt diese verwegene Hand einen ganz respektablen Klaps.

„Nein, lieber Freund, mit den Händen bleiben Sie mir gefälligst vom Leib!“

Ich war mit dem Erreichten indes zunächst zufrieden; wußte ich inzwischen doch, daß diese Tugend nicht aus Stein bestand. Mit der Zeit würde sie sich schon ganz erweichen lassen, denn für unerschütterlich hielt ich sie nicht.

Es erschien mir unglaubwürdig, daß da noch keiner, etwa ein wohlwollender Vorgesetzter, von der köstlichen Frucht zwischen den festen Schenkeln genascht haben sollte.

Nun hatte ich zwei Ziele: Einmal die Gaunerin zu erwischen und zweitens zwischen die herrlichen Schenkel made in England zu kommen! Das zweite erschien mir beinahe leichter als das erste, denn nun, da erst einmal das Eis zwischen uns gebrochen war, verhielt sich die Kollegin aus London lange nicht mehr so spröde wie vorher. Ich hätte mich selbst verleugnen müssen, wenn ich mir dieses schwache Entgegenkommen nicht Schritt für Schritt zunutze machte.

Als ich sie am nächsten Tag in einem stillen Winkel des Hotels abküßte, durfte ich mich zu dieser anstrengenden Beschäftigung mit der einen Hand am Busen, mit der anderen auf den Hüften oder gar am Popo festhalten. Immerhin ein gewaltiger Fortschritt.

Ich mußte anerkennend feststellen, daß sie bereits nach allen Regeln der Kunst mit mir flirtete!

Diese reizende Abwechslung beschäftigte mich derart, daß ich beinahe vergessen hätte, wozu wir beide eigentlich hier im Hotel waren.

Da ging uns unser Wild ins Garn!

Es war ein ungarischer Magnat im Hotel abgestiegen, der Gnade vor den kritischen – ein Opfer suchenden – Augen der schönen russischen Fürstin zu finden schien.

Sie speisten zusammen, gingen ins Theater, und nach drei Tagen klebte er vollständig an ihr.

Als er mich am vierten Tag seiner Anwesenheit morgens in sein Zimmer klingelte und mir mit höchst vergnügtem Gesicht auftrug, ihm für den Abend desselben Tages ein Séparée zu reservieren, wußte ich Bescheid!

Mit Erlaubnis der Hoteldirektion belegte ich nun zwei nebeneinanderliegende Séparées für unseren Zweck. Das eine wurde für den Ungarn reserviert, in dem zweiten bezogen wir, die Kollegin aus London und ich, unseren Beobachtungsposten.

Geschickt, so daß man sie von dem nebenliegenden Séparée nicht bemerken konnte, hatte ich zwei große Gucklöcher in der Wand angebracht, damit wir den ganzen Raum ungeniert beobachten konnten.

Für zehn Uhr abends war das Séparée bestellt, und pflichtgemäß waren wir etwas früher nebenan und legten uns auf die Lauer.

Ich glaube, es ist wenig Unterschied, ob der Jäger das Wild oder der Detektiv den Gauner erwartet. Die Nerven sind angespannt und vibrieren leise, man ist mit einem Schlag überwach. Uns beiden erging es nicht anders.

Die Frau Fürstin und ihr Opfer ließen nicht lange auf sich warten. Sie kamen gleich nach Theaterschluß und waren augenscheinlich bereits in der besten Stimmung.

Es wurde ein opulentes Souper bestellt, wobei mir – und vielleicht auch meiner Kollegin? – ehrlich gesagt das Wasser im Mund zusammenlief und der Magen etwas knurrte. Ich nahm mir vor, nach vollbrachter Tat mit meiner netten Kollegin ebenfalls ausgiebigst zu schlemmen.

Im Augenblick konnten wir nichts weiter feststellen, als

daß es dem Pärchen nebenan vorzüglich schmeckte. Während des ganzen Essens benahmen sie sich mustergültig.

Der Kellner kam, servierte ab und stellte nun noch Kuchen und Giardinetto, sowie gleich zwei Flaschen Veuve Cliquot auf den Tisch. Dann zog er sich diskret zurück und schloß die Tür von außen.

Da warfen die beiden die Mustergültigkeit endgültig unter den Tisch und gingen zu unterhaltsameren Gegenständen über.

Der Graf setzte sich neben die Fürstin auf das Sofa und nahm sie mit echt magyarischem Elan um die Taille.

Wie nicht anders zu erwarten, wehrte sie ihn der Form halber ab und drohte, die Flucht zu ergreifen – tat aber nichts dergleichen.

Sie war eine große, üppige Person, nicht mehr ganz jung, aber rassig und voll Temperament. Ich selbst hätte weiß Gott nichts dagegen einzuwenden gehabt, sie einmal richtig vorzunehmen. Da das jedoch im Augenblick ganz unmöglich war, war ich mit meiner schlankeren, blonden Miß ganz zufrieden.

Als altem Routinier war es für mich kaum schwer vorauszusagen, wie sich die Dinge im Nebenzimmer abwickeln würden. So hatte ich mir auch bereits am Morgen meinen Plan bis ins einzelne ausgedacht.

Da ich bei dem Schauspiel, das sich uns bieten würde, aber selbst auch nicht zu kurz kommen wollte, hatte ich unsere Gucklöcher so dicht nebeneinander angebracht, daß wir vor ihnen eng Schulter an Schulter stehen mußten.

So konnte ich also, während wir das andere Paar beobachteten, ganz gemütlich meinen Arm um die Taille der Kollegin aus London legen – und wie ich hoffte, auch nicht umsonst!

Ich baute auf das alte Sprichwort: Böses Beispiel verdirbt gute Sitten! Und dieses böse Beispiel konnte nicht mehr lange auf sich warten lassen.

Die Fürstin hatte bereits das Oberteil ihrer Robe geöffnet, und ihr Galan wühlte in den dort eingeschlossenen Schätzen herum.

Als er nun den ersten kühnen Griff tat, wollte meine blonde Engländerin das Hasenpanier ergreifen. Das war jedoch absolut nicht in meinem Sinn, und so hielt ich sie mit eisernem Griff an ihrem Guckloch fest. Was blieb ihr also anderes übrig, als sich in das Unabänderliche zu fügen, denn sie durfte sich ja nicht auffällig bewegen, da sie uns sonst verraten hätte.

„Lassen Sie mich los – ich bin nicht neugierig auf diese widerliche Szene da nebenan", flüsterte sie so leise wie nur möglich.

„Aber ich bitte Sie, Fräulein Kollegin, Sie müssen doch den Tatbestand konstatieren", flüsterte ich ebenso leise zurück.

„Das überlasse ich gerne Ihnen. Sie sind ja sowieso ein Mensch ohne Schamgefühl. Sofort lassen Sie mich jetzt los, oder ich beschwere mich bei Ihrem Chef – so lassen Sie doch – ich kann – doch – da nicht zusehen – bitte, bitte, haben Sie doch Verständnis!"

Aber ich ließ sie nicht los. Im Gegenteil, ich hielt sie ganz fest, daß sie sich auch nicht um eine Kleinigkeit mehr rühren konnte. Außerdem hatte ich so eine wundervolle Tuchfühlung mit ihr.

Sie mußte nun mit zusehen, wie der Ungar seiner Dame die seidenen Röcke hochhob und mit beiden Händen im Tal der Liebe auf Reisen ging.

Es war wirklich ein Bild für Götter! Die Russin war ein

stattliches Weib, hatte ein paar Waden und Schenkel, die sich schon sehen lassen konnten. Sie selbst war mit allem Feuer bei der Sache.

An ihr ‚Geschäft' schien sie für den Augenblick jedenfalls nicht mehr zu denken.

Ich muß ehrlich sein – ich allerdings auch nicht! Im Augenblick hatte ich ebenfalls etwas wesentlich Wichtigeres vor! Ich schob mich halb und halb hinter die Kollegin und preßte mich fest an sie.

Bei all dem erfreulichen Tun ließ ich natürlich das Lustspiel im Nebenraum nicht aus den Augen.

Auch meine Miß folgte so interessiert den Darbietungen unserer Nachbarn, daß sie gar nicht merkte, was hinter ihrem eigenen Rücken vor sich ging.

Es war für mich also kein Grund vorhanden, unnötig zu zögern – ich konnte zu Taten übergehen!

Nicht den geringsten Widerstand fand ich. Als ich ihr die Hand zwischen die Schenkel schob, gingen diese bereitwilligst auseinander, und ich konnte mich ungehindert in das Paradies, dessen Eintritt mir bis dahin verboten gewesen, begeben, um mich hier gründlich zu orientieren.

Ich muß ehrlich bekennen, daß mir die forsche Engländerin sehr gut, aber schon wirklich sehr gut schmeckte.

Endlich erinnerten wir uns wieder unserer Pflicht. Als wir – allerdings mit etwas schwankenden Knien, wieder auf unsere Beobachtungsposten zurückkehrten, sahen wir, daß wir gerade zur rechten Zeit gekommen waren.

Der Ungar war auf dem Feld seiner Ehre eingeschlafen, und die Gaunerin war gerade dabei, seine Taschen auszuleeren. Uhr, Ring Krawattennadel, Geldbeutel, Brieftasche – ja sogar das Kleingeld aus der Westentasche nahm sie gewissenhaft an sich.

Als die Russin ihre Arbeit glatt und sauber verrichtet hatte und sich der Tür zuwandte, ließ die Detektivin die Röcke fallen, und der Detektiv sperrte sein privates Vergnügungsorgan schleunigst in die Hose.

In dem Augenblick, als die Diebin zur Tür herauskam, standen wir schon neben ihr, und ehe sie noch recht wußte, wie ihr geschah, war sie auch schon verhaftet. Um allem vorzubeugen, legte ich ihr gleich einmal Handschellen an.

Eine Viertelstunde später konnte sie bereits in dem Polizeigewahrsam, das zwar nicht so elegant wie ein Séparée bei Sacher, dafür aber desto sicherer war, über den jähen Wechsel alles Irdischen nachdenken.

Wir aber, meine reizende Kollegin aus London und ich, feierten noch am selben Tag in meinem verschwiegenen Junggesellenheim unser Siegesfest, das sich selbstverständlich bis zum nächsten Morgen ausdehnte.

Einige Stunden später fuhr sie mit ihrer Gefangenen ab. Ich sorgte noch dafür, daß ihr einer unserer Beamten bis London mitgegeben wurde, damit sie mit der Gaunerin nichts zu tun hatte und sich erst einmal richtig ausruhen konnte.

Die verfolgte Unschuld

Für gewöhnlich erreichte ich meinen doppelten Zweck. Ich stellte die Verbrecherin und erbat mir, wenn es sich lohnte, den Eintritt in ihr Paradies.

Daß ich aber gleich doppelt durchfiel, das ist mir Gott sei Dank nur ein einziges Mal passiert. Wenn es auch für mich nicht rühmlich ist, so will ich es doch ehrlich bekennen.

Eines Abends – ich glaube, es war Spätherbst – kam ich erst nach Mitternacht aus dem Büro. Wir hatten eine sehr lange Konferenz über eine geheimnisvolle Mordaffäre abgehalten.

Ich war ziemlich abgespannt und müde und wollte nach dem Verlassen der Polizeidirektion die Ringstraße überschreiten, um in dem an der Ecke Schottengasse/Ring gelegenen Café noch einen Schwarzen zu trinken, als plötzlich ein junges Mädchen, das augenscheinlich an der Mauer des Polizeigebäudes gestanden hatte, auf mich zulief.

„Ach, mein Herr", sagte sie in flehentlichem Ton, „sind Sie von der Polizei?"

„Ja, das bin ich, mein Fräulein."

Ich sah mir dieses Fräulein etwas näher an und stellte fest, daß sie zwar einfach, aber adrett gekleidet und, soviel ich beim Schein der Straßenbeleuchtung feststellen konnte, auch recht hübsch war. Sie mußte ihrem Aussehen nach sehr jung sein, denn sie war kaum mittelgroß, hatte am Rücken einen langen, hellbraunen Hängezopf baumeln und trug einen recht kurzen Rock, unter dem ein paar sehr entzückende Beine hervorkamen. Meiner Schätzung nach war diese kleine reizende Person höchstens siebzehn Jahre alt.

„Ach bitte, bitte – verhaften Sie mich!" stieß sie heftig hervor. Dabei rannen ihr große dicke Tränen über die zarten Wangen.

Diese Bitte hatte noch nie ein Mensch an mich gerichtet, geschweige denn ein so junger Mensch wie dieses Mädchen. Ich war so platt, daß ich ohne ein Wort zu sprechen stehenblieb und sie anstarrte, als hätte ich eine Verrückte vor mir.

In ihrer Aufgeregtheit merkte sie aber gar nichts von meinem Erstaunen, sondern wiederholte ihre sonderbare Bitte nur noch eindringlicher und flehentlicher.

„Ich bitte Sie inständig, bitte – bitte – verhaften Sie mich doch endlich!"

Da mußte doch irgend etwas Besonderes los sein, wenn ein so junger Mensch einen Polizeibeamten inständig anflehte, ihn zu verhaften. Jeder normale Mensch hat im Gegenteil dazu Angst vor einer Verhaftung.

Aber wie gesagt, sie machte einen so hilflosen, erbärmlichen Eindruck, daß ich sie doch nicht so einfach stehenlassen wollte, sondern ich setzte eine sehr wohlwollende Miene auf und fragte sie dann behutsam:

„Ja, mein kleines Fräulein, Sie wünschen also, daß ich Sie verhafte? So einfach geht das allerdings nicht, wo kämen wir denn hin, wenn wir von der Polizei gleich jeden, der uns darum bittet, verhaften würden.

Was haben Sie denn angestellt, daß ich Sie unbedingt jetzt gleich von der Stelle weg einsperren soll?"

Sie sah mich mit großen unschuldsvollen Augen an, errötete ein wenig und sagte ganz leise:

„Nichts, mein Herr, glauben Sie mir bitte, wirklich nichts – aber – aber ich – ich habe keine Wohnung – und ich fürchte mich so schrecklich, da – so allein – auf der Straße – ach Gott, ich bin ja so unglücklich – verhaften Sie mich jetzt bitte?"

Von neuem kullerten die großen dicken Tränen, und sie

schien sich überhaupt nicht beruhigen zu können. Zum Glück war die Straße fast ganz leer, und die wenigen Passanten, die vorübergingen, schauten zu, daß sie aus dem unangenehmen, kalten Herbstwind in ihre warmen, behaglichen Wohnungen kamen.

Dasselbe dachte ich auch, doch da ich nicht wußte, was ich mit dem unglücklichen Backfisch anfangen sollte, fragte ich sie:

„Mein liebes Fräulein, wenn Sie Vertrauen zu mir haben sollten, mache ich Ihnen einen Vorschlag.

Hier auf der Straße können wir nicht stehen bleiben, und wie ich Ihnen schon sagte, so ohne jeden Grund Sie mir nichts, dir nichts verhaften, das kann ich auch nicht.

Wenn Sie also, wie gesagt, auf meine Ehrenhaftigkeit vertrauen wollen, dann begleiten Sie mich in meine Wohnung, die hier ganz in der Nähe ist.

Dort mache ich Ihnen einen heißen Tee, damit Sie sich erst einmal wieder richtig aufwärmen können, und Sie erzählen mir dann ganz schön der Reihe nach, was Sie nun eigentlich so unglücklich macht. Vielleicht kann ich Ihnen dann helfen."

Sie sah mir mit ihren großen, blauen Augen direkt ins Gesicht und sagte nach einer Minute überlegenden Zauderns:

„Ja, ich vertraue Ihnen. Sie sehen wie ein Mann aus, der einem armen Mädchen nichts zuleide tut. Wenn Sie wirklich so freundlich sein wollen, mich aufzunehmen, bin ich Ihnen zu großem Dank verpflichtet. Ich werde Ihnen das bestimmt nie vergessen."

Der Blick, den die blauen Unschuldsaugen diesen Worten folgen ließen, erweckte in mir beinahe wirklich jene Gefühle von Ehrenhaftigkeit, von denen ich ihr so schön erzählt hatte, obwohl ich eigentlich etwas ganz anderes geplant hatte. Denn eine Entjungferung war schon lange mein heißer Wunsch gewesen.

Aber jetzt, wie mich dieser unschuldige Dankesblick traf, kam ich mir selber vor wie ein Verbrecher.

Ich faßte also den heroischen Entschluß, mich für die Fortsetzung der vielversprechenden Waden nicht zu interessieren. Wie ein wütender Papa ging ich neben dem entzückenden Geschöpf, das nun seine Tränen trocknete, einher.

Ohne Scheu und Zimperlichkeit, ganz auf mein Versprechen vertrauend, betrat sie mein Arbeitszimmer.

Ich half ihr ablegen, stellte ihr eine Schale mit Konfekt auf den Tisch und machte mich schleunigst daran, den gastfreien Wirt zu spielen.

Meinen Burschen wollte ich nicht wecken, und so schleppte ich selber, was ich an Eßbarem im Hause hatte, herbei. Dann kochte ich einen kräftigen Glühwein und sah mit Befriedigung, wie sie es sich schmecken ließ.

Ruhig ließ ich sie essen und trinken und nippte selbst nur an meinem Glühwein. Auf alle Fälle wollte ich vermeiden, daß mein Blut durch zu viel Alkohol vielleicht doch zu sehr in Wallung kam. So ganz traute ich mir doch nicht.

Sie wußte Messer und Gabel elegant zu gebrauchen. Ein Zeichen dafür, daß sie doch aus einer besseren Gesellschaftsschicht kommen mußte.

Je länger ich ihr zusah, desto erhabener fühlte ich alter Esel mich, daß ich in so uneigennütziger Weise dieser verfolgten Unschuld den Wirt und Beschützer spielte!

Als sie sich dann mit einem wohligen Seufzer den Mund abgewischt hatte, rückte ich ihr näher, ergriff väterlich ihre kleine Hand und ermunterte sie:

„So, nun sind Sie also geborgen, brauchen sich nicht mehr auf der dunklen Straße allein zu fürchten. Sie wissen, ich habe Ihnen als Ehrenmann meinen Schutz zugesagt, und ich habe bisher immer noch mein Wort gehalten. Sie dürfen mir also voll vertrauen.

Sie werden jedoch verstehen, daß es mich interessiert und daß ich Ihnen auch nur dann helfen kann, wenn ich genau weiß, was Sie in diese mißliche Lage gebracht hat. Also, schießen Sie los und berichten mir alles.“

Wieder kullerten die Tränen, entrangen sich ihr tiefe Seufzer. Stockend begann sie dann:

„Sie dürfen bitte nicht schlecht von mir denken, Herr Oberkommissar, weil Sie mich da – na ja, – so auf der Straße allein – angetroffen haben, und ich dann so ohne weiteres mit Ihnen gegangen bin. Ich weiß ganz genau, daß das nur – nur ... Sie wissen schon, was ich meine?

Es wäre schrecklich, wenn Sie denken würden, daß ich – so eine Leichtsinnige wäre. Aber ich habe doch so gar keinen Schutz und keine einzige Hilfe – was sollte ich denn tun?

Ich dachte mir, daß ich bei der Polizei am sichersten aufgehoben bin. Dort gibt es doch nur Ehrenmänner, die einem Schutz und Hilfe geben. Meine Mutter hat mir das immer gesagt – als ich noch klein war.

Ach, wie recht hatte doch meine Mutter. Ich habe doch einen richtigen Schutzengel gehabt, daß gerade Sie, lieber Herr Oberkommissar, aus der Polizei kamen und mich mitnahmen.

Aber trotzdem, ich bin so allein und so verzweifelt. Ich weiß gar nicht, wie mein Leben weitergehen soll!“

Dieser Verzweiflungsausbruch des schönen Mädchens veranlaßte mich abermals, näher an sie heranzurücken. Ich nahm ihre kleine Hand in die meine und hielt sie mit väterlicher Zärtlichkeit fest und streichelte sie beruhigend.

„Sind Sie denn Waise? Lebt Ihre liebe Mutter und Ihr Vater nicht mehr?“ frug ich ganz behutsam.

„Ach, es ist noch viel schlimmer. Mein lieber, guter Papa, der bei der Statthalterei in Brünn angestellt war, ist vor drei Jahren gestorben.“ Wieder kullerten die Tränen, und ihre Augen verschleierten sich im Kummer um den Tod des geliebten Papas.

„Nun hat meine Mama, die noch eine sehr, sehr junge und schöne Frau ist, sich mit einem Kollegen meines seligen Papas verheiratet! Wie konnte sie nur unseren lieben Papa vergessen und diesen anderen Mann heiraten?

Seit dieser fremde Mann im Haus ist, bin ich unglücklich – so entsetzlich unglücklich!“

Sie machte eine Pause, als ob sie sich überlegen wollte, ob sie mir weitererzählen sollte. Ich wollte aber nun alles wissen, denn das Schicksal dieses Mädchens interessierte mich immer mehr. Als Mann ahnte ich, daß nicht nur die Heirat der Mama diese Schöne von zu Hause weggetrieben hat. Da mußte ein anderer Grund sein – es wäre ja immerhin denkbar, daß ...

„Beruhigen Sie sich doch bitte. Erzählen Sie mir nur alles weiter. Sie werden sehen, daß Ihnen das eine Erleichterung bringt. Das Leben wird dann gar nicht mehr so grausam wie jetzt aussehen.“

„Ja also, seit dieser Mann bei uns ist, bin ich so unglücklich. Ich habe Angst vor ihm!

Denken Sie sich, dieser schlechte Mensch wollte – wollte – ach, ich schäme mich fast es zu sagen – er wollte – mich – ver – füh – ren.

Sehen Sie, Herr Oberkommissar, da sind doch auch Sie

entrüstet, nicht wahr? Daß es eine solche Schlechtigkeit geben kann. Er hat doch meine Mama.

O Gott, wie hat mir der Mann nachgestellt. Ich traute mich schon gar nicht mehr aus meinem Zimmer heraus, und meine liebe Mama hat mich auch oft so komisch angesehen und hat mich gefragt, warum ich denn so scheu auf einmal wäre und immer in meinem Zimmer sitzen bleibe.“

„Na, haben Sie denn nichts Ihrer Mama gesagt? Sie hätte sicher für Sie Verständnis gehabt und hätte auch mit ihrem Mann ein ernstes Wörtchen geredet.“

„Ach, Herr Oberkommissar, sollte ich denn meine Mama auch noch unglücklich machen! Stellen Sie sich das doch einmal vor, wenn sie erfahren hätte, daß ihr eigener Mann ihrer Tochter nachstellt.

Ich hoffte immer, er würde doch endlich zur Einsicht kommen und vernünftig werden. Aber was weiß ich unerfahrenes Mädchen denn schon von einem Mann? Vielleicht hat ihn gerade mein Widerstand gereizt – ich muß immer so viel darüber nachdenken, was ich falsch gemacht habe.

Aber das Nachstellen am Tag war ja noch nicht das Schlimmste. Da waren ja immer noch die Mama und die Dienstboten in der Wohnung, da fühlte ich mich noch beschützt. Aber er war ja noch viel gemeiner! Denken Sie sich, einmal ist er nachts in mein Zimmer gekommen!

Ich durfte mein Zimmer ja nie abschließen. Mama hatte immer Sorge, daß ich einmal unwohl sein könnte bei der Nacht, und dann könnte niemand zu mir herein, um mir zu helfen. Und das hat er gewußt, daß meine Tür unverschlossen war.“

Die Tränen flossen reichlicher denn je. Ach, du lieber Gott, dieses Mädchen gab mir eine schier unlösbare Aufgabe auf. Ich hätte bestimmt für sie den besten und einzig richtigen Trost gewußt. Meister Priap ermahnte mich auch durch lautes Klopfen daran, daß wir beide doch solche Nöte immer gemeinsam zur vollsten Zufriedenheit unserer Schützlinge bisher gelöst hätten.

Wie heißt es so schön? Zwei Seelen ringen, ach, in meiner Brust! Diese beiden ‚Seelen' waren Meister Priap der Ungeduldige – und ich der freiwillige ‚Beschützer'.

Aber nein, mochte ich ein Draufgänger sein, wie ich wollte, sollte ich auch manche Blume gepflückt haben – hier, hier mußte ich hart gegen mich selbst bleiben.

Ich setzte mich also zu ihr auf das Sofa und legte mit einer väterlichen Geste meinen Arm um ihre Schulter.

Da traf mich ein so vertrauensvoller, leuchtender Blick, daß ich um ein Haar wieder weggerückt wäre.

Herrgott, warum machte mir dieser Teufel von einem Kind-Weib denn meine Rolle so schwer?

Sie hatte bei mir Schutz und Hilfe gesucht – und ich hatte ihr beides zugesagt. Ich durfte sie niemals verführen, das wäre die höchste Gemeinheit gewesen.

Der Teufel ritt mich, ich konnte keine Ruhe geben, ich wollte weiter hören, was passiert ist mit diesem Schuft. Ich wollte mich selbst quälen, indem ich mir das alles anhörte und dann väterlich dasitzen mußte und nicht das gleiche tun konnte wie dieser Kerl. Sicherlich würde sie mir ein paar ganz pikante Details erzählen.

„Ach, Herr Oberkommissar, das kann man gar nicht erzählen, was da passiert ist. Nein, glauben Sie mir, bitte, das kann ich Ihnen wirklich nicht sagen; es ist ja so gemein, so ..."

„Wenn ich Ihnen helfen soll, müssen Sie mir schon jeden, auch den kleinsten Umstand, erzählen", hörte ich mich ganz scheinheilig daherreden. „Wissen Sie, ein Polizist ist wie ein Arzt, dem darf man doch auch nichts verschweigen, wenn er einem helfen soll.“

„Ja, ja – aber es ist doch so schrecklich für ein junges Mädchen – und Sie sind doch ein Mann – so etwas zu erzählen.“

„Passen Sie auf, ich werde Sie fragen. Wir Polizisten müssen ja meistens fragen. Nachher sehen die Leute erst ein, wie gut es war, daß sie uns alles ehrlich gesagt haben. Also, wollen wir es so machen? Soll ich Sie fragen?“

„Ja. Vielleicht ist es wirklich so besser. Ich werde Ihnen auch ganz ehrlich antworten.“

„Hm. Als Ihr Vater – hm – also – als er da nachts – zu Ihnen in Ihr Zimmer kam – hm – waren Sie da schon ganz ausgezogen?“

„Ja. Ich hatte mich schon ganz ausgezogen und hatte nur so ein kleines kurzes Nachthemdchen an. Sie haben das sicher schon einmal gesehen, nicht?

Ich merkte gerade, wie meine Augen ganz müde wurden, und ich legte mich auf die Seite, um einzuschlafen. Da merkte ich, wie die Tür ganz, ganz leise geöffnet wurde. Ich hörte auch Füße so über den Boden schleichen. Ich bekam auf einmal eine furchtbare Angst – mein Herz hat ganz schnell und fest geklopft – mein Hals war ganz zu – ich konnte gar nicht schreien – mir wurde ganz heiß. Die Schritte kamen immer näher an mein Bett – und – und ...“

„Und?“ preßte ich ganz atemlos heraus.

„Und dann riß er mir die Bettdecke weg!“

„Ja – und dann? Ließ er es dabei bewenden? Hat er Sie denn im Dunkeln überhaupt sehen können? Hat er kein Licht angemacht?“

„Nein – nein! – Es war ja so dunkel! Ach, ich hatte ja eine solche Angst!

Dann – dann stürzte er sich wie wild auf mich – puh, und dabei schnaubte er so komisch. Ich habe noch nie gehört, daß ein Mann so komisch atmet. Er packte mich ganz fest und hielt mich fest – er – wollte – mir – Gewalt antun!"

„Warum haben Sie denn nicht um Hilfe geschrien? Es waren doch Ihre Mutter und die Dienstboten in der Wohnung!"

„Ich war so vor Entsetzen gelähmt, daß ich mich gar nicht wehren konnte."

„Was machte er dann? Sie müssen es mir ganz genau erzählen!"

„Ach bitte – bitte – erlassen Sie mir das, Herr Oberkommissar! Ich vergehe vor Scham!"

„So ein Halunke, so ein gewissenloser Schurke!" ereiferte ich mich.

Ich habe mich bei diesem Verhör, das wohl kaum die sittliche Zustimmung meines Herrn Chefs gefunden hätte, so ausgiebig aufgeregt, daß ich berechtigte Sorge hatte, mich zu verraten.

Sie schaute mich wieder so treuherzig an, und ihre Blicke glitten an meinem ganzen Körper hinunter. Ich hatte ehrlich Angst, daß Sie meinen Zustand bemerken könnte.

Also stand ich auf und stelzte mit steifen Schritten im Zimmer auf und ab. Es war wirklich nur ein Stelzen, denn mit so einer steifen Stange in der Hose normal zu gehen – und dazu noch so, daß man nichts merkt, das soll mir einer einmal vormachen!

Der ahnungslose Engel blieb in seiner Unschuld ruhig sitzen und bemerkte nichts. Als ich ihm dann aufmunternd zunickte, beendete er seine Leidensgeschichte.

„Da endlich konnte ich einen lauten Schrei ausstoßen! Augenblicklich ließ er mich vor Schreck los – und lief, so schnell er konnte, aus dem Zimmer. Aber glauben Sie ja nicht, daß er mich jetzt in Ruhe ließ, dieser Schuft!

Einmal, kurz danach auf der Treppe, da hat – hat …"

„Na ja, was hat er denn nun schon?"

„Da hat er mich in einer furchtbar unanständigen Weise angefaßt."

„So ein Hund! So ein Schuft!" schnaubte ich. „Und wo – wo – hat er hingefaßt?"

„Ach – ach – ich kam von oben die Treppe herunter und wollte gerade zum Tennisspielen gehen, als er mir auf der Treppe begegnete.

Wie immer, wollte ich ganz schnell an ihm vorbeischlüpfen, doch ehe ich mich's versah, da griff er mit unter – un – nein, das kann ich nun wirklich nicht sagen!"

„Lassen Sie es, ich kann es mir schon denken, wo er hingegriffen hat, dieser Kerl, dieser verantwortungslose!"

Was hätte ich darum gegeben, jetzt auch ‚dorthin' greifen zu können! Aber nein, ich Esel hatte ja ein feierliches Versprechen geleistet!

Mein Gott, wenn ich mir diese Situation vorstellte, in der ich mich befand!

Sie merkte natürlich nichts von dem furchtbaren Kampf, der meine männliche Brust durchtobte, das tröstete mich.

Sie knabberte in ihrem Schmerz gerade an einer Pflaume, was sie etwas zu beruhigen schien. Dann fuhr sie fort:

„Was sollte ich denn nun nur machen? So beschloß ich, während ich verängstigt in meinem Zimmer saß, um der Schande zu entgehen, mein liebes Elternhaus zu verlassen. Wenn das mein lieber Papa hätte erleben müssen!"

Die Tränen flossen wieder, und das Persönchen saß da wie ein Haufen Elend.

„Ich hatte ein paar Gulden, die ich mir von meinem Taschengeld gespart hatte, obwohl meine Mama immer sagte, daß ich mein Taschengeld ganz für mich aufbrauchen dürfte. Aber ich wollte ihr doch auch manchmal eine Freude machen, und deshalb sparte ich heimlich immer ein bißchen davon.

Ich ging also zum Bahnhof und zeigte dem Beamten mein Geld. Er meinte, daß das gerade für die Fahrt von Brünn nach Wien reiche.

Als ich hier ankam, hatte ich noch dreißig Kreuzer. Das reichte doch nicht einmal für ein billiges Hotelzimmer aus. Außerdem habe ich mich allein auch gar nicht in ein Hotel getraut.

In meiner Not ließ ich meinen Koffer auf dem Bahnhof stehen und bin zu Polizei gelaufen! Von dort habe ich mir allen Schutz erwartet!

Ach, mein lieber Herr Oberkommissar, wenn Sie wüßten, was ich in dieser langen Zeit alles durchgemacht habe."

Sicher nicht so viel wie ich in diesem Moment, dachte ich bei mir. Meine Qual war fast nicht mehr zu ertragen.

Ich fühlte, wie meine Selbstbeherrschung langsam aber sicher zum Teufel ging.

Ich fand schließlich den Ausweg, sie aus meiner Nähe zu bringen, indem ich ihr riet, sich zu Bett zu begeben und erst einmal gut auszuschlafen.

Morgen würde alles anders aussehen, und wir wollten dann in aller Ruhe zusammen beschließen, was nun weiter geschehen sollte.

Da ich ja nun einmal die Rolle des Beschützers übernommen hatte, trat ich ihr mein Bett ab und legte mich selbst auf die Couch in meinem Arbeitszimmer.

Am nächsten Morgen schlich ich ganz leise, um das Mädchen ja nicht zu wecken, in meiner Wohnung herum, zog mich an, frühstückte und stellte auch ihr das Frühstück hin. Auf einen Zettel schrieb ich ihr, sie möge es sich gut schmecken lassen und unbesorgt bis zu meiner Rückkehr in meiner Wohnung bleiben. Mein Bursche wisse Bescheid, und sie sei bei mir sicher und gut aufgehoben. Dann ging ich in mein Büro.

Dort angekommen wurde ich gleich zu meinem Chef, Dr. Stein, gerufen.

Er eröffnete mir, daß in Znaim eine Ladenkassiererin mit der ihr anvertrauten Kasse durchgebrannt und vermutlich nach Wien geflüchtet sei.

Er zeigte mir eine kleine Fotografie – und ich fiel beinahe in Ohnmacht. Das war ja meine verfolgte kleine Unschuld! Sollte ich so einer kleinen Provinzgaunerin, so einer schäbigen Debutantin aufgesessen sein?

So schnell wie nur möglich empfahl ich mich von meinem Chef und raste nach Hause.

Das Nest war natürlich leer!

Der liebliche Vogel war ausgeflogen und hatte als Andenken eine kleine goldene Dose, ein Geschenk meiner Freundin, der Gräfin, mitfliegen lassen.

Auf meinem Schreibtisch lag ein Zettel folgenden Inhaltes:

Lieber Freund!

Haben Sie herzlichen Dank für das schöne Nachtquartier! Ich war hier sicherer aufgehoben als in den Hotels, wo mich Ihre weniger freundlichen Kollegen von der Polizei doch bestimmt gesucht hätten.

Ich will meine „Beichte“ von gestern abend noch fortsetzen: Sie müssen nämlich wissen, ich habe gar keinen

Stiefvater, der mir unter – ach, das kann man doch gar nicht sagen – ach, ich schäme mich ja so – lieber Herr Oberkommissar! Wenn das mein Papa wüßte!

„Hingelangt" – oh pfui – habe ich! Zwar nicht bei meinem Stiefvater, den ich nicht hatte – und vor allem leider auch nicht bei Ihnen, lieber Herr Oberkommissar!

Hingelangt habe ich in Znaim, wo ich herkomme, an die Kasse meines Chefs, der sie mir in seiner Verliebtheit anvertraut hatte. Wenn Sie so wollen – ich habe mir diese Kasse kurz einmal ausgeliehen!

Haben Sie vor allem auch herzlichen Dank für das ungeheure Vergnügen, das Sie mir bereitet haben, als ich nur zu deutlich sehen konnte, wie Sie immer gern gemocht hätten – und sich dann doch nicht trauten!

Feigling!

Ich selber habe mich so herrlich dabei amüsiert!

Es hat mich genauso viel Beherrschung gekostet wie Sie, daß ich Ihren herrlichen Speer, dessen ganze Größe ich durch die Wölbung der Hose ahnen konnte, nicht befreite. Sicherlich hätte er sich in meinem „Hotel" sehr wohlgefühlt!

Aber leider, ich durfte ja nicht aus der Rolle fallen! Wie hätten Sie dann noch Ihre so großmütig übernommene Beschützerrolle zu Ende führen wollen?

Zu schade, es wäre eine so herrliche Nacht geworden. Ich glaube, wir beide sind in der Liebe genug erfahren, um uns alle Wonnen der Lust vom Himmel holen zu können!

Trösten wir uns – vielleicht holen wir es bei nächster Gelegenheit nach!

Wenn auch schweren Herzens, verabschiede ich mich von Ihnen

mit zärtlichem Tochterkuß
Ihre Anna Wlazek.

Drei Tage lang war ich krank vor Wut! Ich muß wie ein wildgewordener Tiger umhergelaufen sein – alle gingen mir geflissentlich aus dem Weg, ohne daß bis jetzt irgendeiner wußte, warum ich so gereizt war.

Eine Woche später wurde das „kleine schutzlose Mädchen“ dann in Riva, wo sie so ein bißchen wieder hochstapelte, festgenommen.

Man brachte sie nach Wien und verurteilte sie zu anderthalb Jahren.

Die Verhandlung selbst war eine Sensation ohnegleichen.

Dieses Mädchen erzählte doch tatsächlich, wie ich selber sie beschützt hatte!

Der Gerichtshof, der Staatsanwalt, das Publikum – alle wälzten sich vor Lachen!

Nachwort

Um die Jahrhundertwende hatte sich im deutschsprachigen Raum eine Reihe von Verlegern und Autoren zusammengefunden, die es wagten – und dieses Wort ist für ihre Unternehmungen durchaus angebracht – „erotische“ Bücher zu schreiben und zu verlegen.

Österreicher, Schweizer und Deutsche hatten schon immer ein etwas zwiespältiges Verhältnis zur Erotik, einem Phänomen, das damals noch mit köstlichen Umschreibungen benannt wurde, auf die hier gar nicht weiter eingegangen werden muß, weil hier ja kein Nachwort für eine Witzanthologie angebracht ist.

Tatsache ist allerdings auch, daß es bereits im 16., 17. und 18. Jahrhundert deutsche Übersetzungen von klassischen Werken der erotischen Literatur gab, und zwar völlig unbeanstandet. Es gab damals kaum eine Zensur, und es gab keine Verbote, keine Indizierungen, kein Einstampfen.

Das 19. Jahrhundert war dann nicht mehr ganz so großzügig, auch nicht was die erotische Literatur betrifft. Je freier sich die Menschen – Bürger hießen sie damals, und „Spießbürger“ nannte man sie oft abwertend – zu jener Zeit fühlten, desto mehr hatte die Obrigkeit den brennenden Wunsch, den Menschen keine Freiheiten zu gewähren. Freiheit war Anarchie, war Umsturz, war – um es auf einen einfachen Nenner zu bringen: Revolution. Und die mußte natürlich mit allen Mitteln verhindert werden.

Heute wissen wir, wie wenig erfolgreich alle diese Unternehmungen waren. Die Menschen haben sich ihre Freiheiten erkämpft. Sie sind auf die Barrikaden gegangen, sie haben Kaiser, Könige und Fürsten davongejagt und sich von dem Joch der Unterdrückung befreit.

Mit „erotischen“ Romanen hat das alles natürlich nur am Rande zu tun, und auch Richard Werther wäre nicht unbedingt auf den Gedanken gekommen, daß er zum Sturz von Wilhelm II. beigetragen hat. Trotzdem hat auch Richard Werther seine Verdienste.

Bis heute ist nicht ganz geklärt, wer sich eigentlich hinter diesem Pseudonym verbirgt. Einmal heißt es, es wäre ein Berliner Verleger gewesen, dann wiederum soll es ein Wiener Journalist gewesen sein.

Einiges spricht für den Mann aus Wien, denn viele seiner Werke spielen in der österreichischen Metropole. Tatsache ist aber auch, daß unter seinem Verfassernamen Bücher erschienen sind, als „Richard Werther“ längst nicht mehr leben konnte. Es gibt sogar aus jüngster Zeit einige Arbeiten, die unter diesem Pseudonym erschienen sind und die keineswegs von dem Mann, der um die Jahrhundertwende lebte und arbeitete, verfaßt werden konnten, obwohl gerade diese Bücher vom Geist jener Zeit durchdrungen sind.

Ganz gleich, wer Richard Werther eigentlich war, er hat, wie bei den vorliegenden „Memoiren eines Detektivs“, Bücher geschrieben, die zwar erotischen Hintergrund haben, die aber darüber hinaus wahre Zeitdokumente sind, die auch heute immer noch nichts von ihrer Faszination verloren haben.